版 | 旅 | 人
ずねて

この景色に出会いたかった

石垣・宮古

竹富島
西表島

CONTENTS

大人絶景旅 '25-'26年版

石垣・宮古 竹富島 西表島

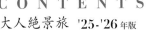

【表紙の写真】
八重干瀬

本書は、「絶景で選ぶ、絶景を旅する。」をコンセプトに、
日本の美しい景色や伝統、名物名品を巡るガイドブックです。
厳選したスポットをそのまま巡れるコースで
提案しているので無理なく無駄なく、
大人の絶景旅を満喫してほしいと思います。

取り外せる
付録

● 石垣島から行く
離島巡りガイド
● 石垣島ドライブMAP
● 宮古島ドライブMAP

本書の使い方

データの見方

☎＝電話番号

所＝所在地

時＝営業時間
開館時間
　レストランでは開店〜ラストオーダーの時間、施設では最終入館・入場時間までを表示しています。

休＝休み
　年末年始、行事の休み、臨時休業などを除いた定休日のみを表示しています。

料＝料金
　入場や施設利用に料金が必要な場合、大人料金を表示しています。

交＝交通
　空港や港など起点となる場所からの距離もしくは所要時間を表示しています。

MAP P.00A-0
　その物件の地図上での位置を表示しています。

P＝駐車場
　駐車場の有無を表示しています。

▶ P.012
　本書で紹介しているページを表します。

【ご注意】
本書に掲載したデータは2024年4〜5月に確認した情報です。諸般の事情により見学不可、運休、開催中止などの場合があります。また、掲載店舗の営業日、営業時間の変更などがあることをご了承ください。発行後、内容が変更される場合がありますので、お出かけの場合は最新情報をご確認ください。

営業時間や休みは原則として、通常の営業時間・定休日を記載しています。祝日や年末年始など、紹介内容が異なる場合があります。料金は、特記以外は税込みの価格を記載しています。

★ホテル料金はサービス税など、各ホテルにより異なります。料金は2名1室利用の場合の1名あたりの最低料金です。

★本書に掲載された内容による損害等は弊社では補償しかねますので、あらかじめご了承ください。

エメラルドの海に抱かれる
宮古島
みやこじま

観光のコツ 透明度の高い海に囲まれ、シュノーケルやダイビングポイントが多数。伊良部島や来間島、池間島など橋で渡ることができる離島も人気のスポット。中心部の平良は飲食店やショップが集まる繁華街。

絶景ナビ
- ●伊良部大橋 ▶P.116
- ●砂山ビーチ ▶P.120
- ●八重干瀬 ▶P.106、122

さっと分かる！ 【全域】
石垣島 宮古島
＋周辺の島々 エリアガイド

石垣島と宮古島、そのほかの島を巡る、旅のプランを立てよう。

池間島

宮古諸島

伊良部島

下地島

伊良部大橋

来間島

宮古島

宮古空港

東平安名崎

多良間島

絶景スポットが多数！
下地島＆伊良部島
しもじしま＆いらぶじま

観光のコツ 宮古島から伊良部大橋を渡ってアクセスできる下地島と伊良部島。下地島には下地島空港もあり利便性もよい。

絶景ナビ
- ●通り池 ▶P.119
- ●渡口の浜 ▶P.119
- ●フナウサギバナタ ▶P.119

沖縄本島

宮古島から飛行機や船で
多良間島
たらまじま

観光のコツ 宮古島と石垣島の中間あたりにある、隆起サンゴでできた島。フクギ並木などのどかな景色が広がる。

絶景ナビ
- ●フクギ並木 ▶P.147
- ●ふる里海浜公園 ▶P.147
- ●八重山遠見台 ▶P.147

キホン 4
徒歩や自転車でのんびりも◎

小さな島にはレンタカーがない場合も。レンタルバイクやレンタサイクルで島内をのんびり回るか、徒歩で散策するのもおすすめ。

キホン 3
小さな島へはフェリーで行ける

八重山諸島や宮古諸島の島へはフェリーが便利。近くの島は日帰り可能。与那国島や多良間島は遠いので飛行機も。

キホン 2
タクシーやバスも

石垣・宮古の街なかにはタクシーが多数。路線バスも運行しているので、自分で車を運転しなくても移動は可能。

キホン 1
移動
レンタカーが最も便利

石垣・宮古は島内に見どころが点在するので、車移動が最も便利。レンタカーはあらかじめ予約して、空港からレンタカー営業所へ直行しよう。

沖縄本島からのアクセス

✈ 約1時間
✈ 約50分
石垣島
宮古島
✈ 約35分

日本最西端の孤島
与那国島
（よなぐにじま）

観光の コツ 石垣島から船または飛行機でアクセス。ヨナグニウマを放牧する東崎などの絶景地で知られる。

絶景ナビ
- ●東崎 ▶P.103
- ●ティンダバナ ▶P.103

\名物はコレ/
- 八重山そば
- 宮古そば

キホン 6
市街地の飲食店は遅くまで営業
石垣島と宮古島にはそれぞれ繁華街があり、飲食店は夜遅くまで営業している。繁華街以外では、飲食店はあまり多くない。

キホン 5
島ごとに食文化が異なる
石垣島と宮古島で方言が異なるように、食文化にも違いが。石垣島は八重山そば、宮古島は宮古そばが名物なので食べ比べを。

天然ビーチが点在する
鳩間島
（はとまじま）

観光の コツ 人口約50人、徒歩で一周できるほどの小さな島。屋良浜や立原浜など透明度を誇る絶景ビーチがある。

牧畜が盛んな「牛の島」
黒島
（くろしま）

観光の コツ 人口よりも牛の数のほうが多いのどかな島。毎年2月に行われる「黒島牛まつり」でも知られている。

八重山諸島

鳩間島

与那国島

ピナイサーラの滝

川平湾

石垣島

新石垣空港

石垣市街地エリア

西表島

小浜島

竹富島

仲間川

黒島

波照間島

亜熱帯ジャングルの島
西表島
（いりおもてじま）

観光の コツ 島のほとんどが森に覆われた山地となっている。イリオモテヤマネコをはじめとする特有の生態系をもつ。

絶景ナビ
- ●ピナイサーラの滝 ▶P.88
- ●由布島 ▶P.89
- ●仲間川 ▶P.90

美しい集落が魅力
竹富島
（たけとみじま）

観光の コツ 赤瓦屋根の伝統家屋が並ぶ集落を、のんびりと水牛車で散策するのが人気。石垣島からは日帰りでも。

絶景ナビ
- ●水牛車散策 ▶P.81
- ●コンドイ浜 ▶P.82
- ●西桟橋 ▶P.83

サトウキビ畑が広がる
小浜島
（こはまじま）

観光の コツ シュガーロードと呼ばれる道の両側には、のどかなサトウキビ畑や放牧場が広がる。人気のリゾートホテルも。

絶景ナビ
- ●シュガーロード ▶P.93
- ●幻の島 ▶P.47、95
- ●大岳展望台 ▶P.94

有人島で日本最南端
波照間島
（はてるまじま）

観光の コツ サトウキビ畑に青い海が広がる。星空が美しいこととでも知られ、夏場は南十字星も見ることができる。

絶景ナビ
- ●波照間島の星空 ▶P.99
- ●ニシ浜 ▶P.100

ハイライトは川平湾!
石垣島
（いしがきじま）

観光の コツ 八重山諸島の玄関口。川平湾をはじめ、海を望む絶景地が点在している。繁華街のユーグレナモール周辺には飲食店やショップが集まり、ユーグレナ石垣港離島ターミナルからはフェリーが出ている。

絶景ナビ
- ●川平湾 ▶P.36
- ●フサキビーチ ▶P.24、41
- ●御神崎 ▶P.52

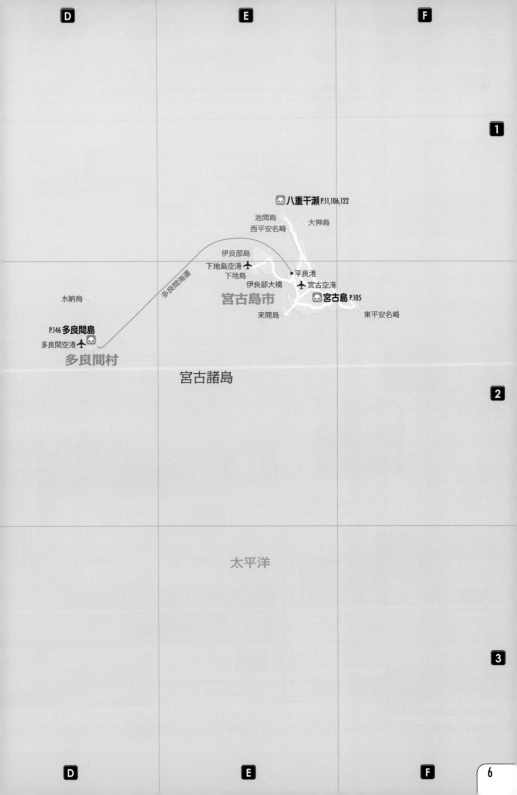

🏯八重干瀬 P.11,106,122

池間島
西平安名崎
大神島

伊良部島
下地島空港✈
下地島
伊良部大橋 • 平良港
宮古島市 ✈ 宮古空港
🏯宮古島 P.105

多良間海運

水納島

来間島
東平安名崎

P.146 多良間島
多良間空港✈🏯

多良間村

宮古諸島

太平洋

全図

N
0　5　10km

1

東シナ海

先島諸島

平久保崎

2

福山海運

✈与那国空港
🐼与那国島 P.102

石垣市

於茂登岳

与那国町

鳩間島

新石垣空港✈
（南ぬ島石垣空港）

安栄観光
八重山観光フェリー

八重山諸島

上原港

🐼石垣島 P.23

P.86 西表島🐼

P.92 小浜島🐼

ユーグレナ
石垣港離島ターミナル

🐼
竹富島 P.76

🐼幻の島（浜島）P.8,47,95

八重山観光
フェリー

大原港

竹富町

黒島

中御神島

🐼
パナリ島（新城島）P.47

安栄観光

P.98 波照間島🐼 　✈波照間空港

3

大人絶景旅

石垣・宮古
竹富島 西表島

沖縄本島から約411km離れてたどり着いた土地は、海や森、風の匂いさえ、本島とは別のものに感じる。心を揺さぶる最高の旅に出かけよう。

離島ブルー
Island Blue

一度は見たい
紺碧の海の世界に
心を奪われる。

眩しすぎる陽光を浴びて、美しく輝く紺碧の海。エメラルドグリーンの海には一年中、カラフルな熱帯魚やサンゴ礁が豊かに生息している。日中の海は宝石のように輝き、夕方は茜色のロマンチックな雰囲気に包まれる。初めて離島を訪れるなら、まずは様々な島を自由に巡り、お気に入りの島と出合うところからはじめたい。島の多彩な表情に出合い、一生忘れられない魅力を感じることだろう。

幻の島 (まぼろし しま) [小浜島周辺]
360度をエメラルドグリーンの海と白砂に囲まれた島。潮の満ち引きで島の大きさや姿が変わることから名付けられた。

▶P.47,95

海
Sea

南国の風の香りと幾千ものブルーに魅せられて。

　宮古島には世界屈指の透明度を誇る海が多く、その濃厚な海の青さは「宮古ブルー」と称される。与那覇前浜は、約7kmにわたって白浜が続く海岸で、「東洋一の美しさ」と称されるほど人々を魅了する。

　どこまでも広がる海を眺めながらビーチフロントでただのんびりするひととき。神秘的なブルーや波の音は、日常で疲れた心を浄化してくれるはず。

八重千瀬（やびじ） ［宮古島］ ▶P.106,122

1 なだらかな弧を描く海岸線と美しい水平線 2 カラフルな熱帯魚たちと海中世界を満喫 3 星野リゾート 西表島ホテルの目の前。水平線に沈む夕日は甘美な魅力を演出してくれる

3 ［西表島］
月ヶ浜（トゥドゥマリの浜）（つきがはま／はま）
手付かずの亜熱帯ジャングルが広がる西表島。人の目を避けるようにひっそりとある天然ビーチが、茜色に染まってゆく。
MAP P.87 A-3 ☎0980-82-5445（竹富町観光協会）
所竹富町上原 時見学自由 休無休 交上原港から約4km Pあり

1 星野リゾート リゾナーレ小浜島 [小浜島] ▶P.96

1 ビーチデッキで優雅にバカンスタイム 2 開放感ある客室もホテルステイの楽しみ 3 ルーフトップバー「ユナイ」でサンセット×バータイム 4 SUP体験など豊富なマリンプログラムを体験

2 イラフ SUI ラグジュアリー コレクションホテル 沖縄宮古 [伊良部島] ▶P.150

3 ヒルトン沖縄宮古島リゾート [平良] ▶P.151

一度は泊まりたい
憧れのリゾートで
楽園に憩う。

世界有数の美しい海と手つかずの自然を一望する八重山・宮古のリゾートは、心からのおもてなしでゲストを迎えてくれる。オーシャンビューのバルコニーから朝日を眺めたり、日没時にバーで一杯、土地の食材を使った一流の料理を堪能したり楽しみ方は人それぞれ。絶好のロケーションに浸り、極上ステイに酔いしれたい。

4 フサキビーチリゾート　[石垣島]
ホテル&ヴィラズ　▶P.72

亜熱帯の森
Forest

1 仲間川 [西表島]
なかまがわ
▶P.90

2 ピナイサーラの滝 [西表島]
たき
▶P.88

14

未知なる島の
世界を知るため
秘境の森へ。

亜熱帯海洋性気候に属する西表島は、島内の約90％が亜熱帯・熱帯の原生林に覆われ、多様な動植物が生息する。この豊かな自然環境は「東洋のガラパゴス」と称され、2021年7月に西表島のマングローブ原生林など沖縄の南西諸島は世界自然遺産に登録された。鬱蒼と茂る神秘の森へ一歩踏み入れば、我々が自然に対していかに小さな存在か痛感することだろう。

1 約17.5km、マングローブ林の流域面積日本一を誇る仲間川 2 一直線に流れ落ちる荘厳なピナイサーラの滝に圧倒される 3 アーチ状に支柱根をのばすヤエヤマヒルギ 4 月夜に美しく光る幻の花、サガリバナ

15

島カルチャー
Culture

暮らしの歴史に
思いを馳せる
穏やかな島時間。

心落ち着く素朴な雰囲気が漂い、本島とは違った魅力を持つ島々には、歴史と風土に根ざした独特の文化が息づく。小さな町には、伝統を受け継ぐ工房や店が点在する。自然をモチーフにした優しい色彩の作品が多く、ひとつひとつの表情も異なる。

集落を水牛車で巡ったり、気の向くままに小さな路地や石畳を歩いたり、一期一会の思い出を刻もう。

2 やまばれ陶房 （とうぼう） ［石垣島］ ▶P.68

3 みんさー工芸館 （こうげいかん） ［石垣島］ ▶P.69,104

4 石垣やいま村 （いしがき・むら） ［石垣島］ ▶P.51

1 西表島から水牛車に乗って海を渡る **2** 島の粘土や植物を用いて作られている陶器。サンゴの海の色が美しい **3** 八重山みんさー織の製品はおみやげにもぴったり **4** 国の有形文化財に登録された古民家でのんびり休憩 **5** 風情ある昔ながらの赤瓦集落を散策

5 竹富島の集落 （たけとみじま・しゅうらく） ［竹富島］ ▶P.78

1 来夏世 [石垣島] ▶ P.54

離島グルメ

Gourmet

島食材を使った
旅を彩るグルメを
いただく。

太陽の恵みを浴びて育った野菜や、豊かな大地が育んだ希少な石垣牛をはじめ、新鮮な海の幸、グァバやマンゴーの南国フルーツなど食材に恵まれた八重山・宮古。

潮風が心地よい海辺の絶景カフェや、古民家を改装した食堂など最高のロケーションで美食やスイーツを味わいたい。旅をしたからこそ出合える特別な味を求めて、自分だけのお気に入りの店を見つけよう。

2 パポイヤ [石垣島] ▶ P.65

4 モジャのパン屋 [宮古島] ▶P.138

5 [石垣島]
CACAO & Salty カカオ アンド ソルティ
MARKET ISHIGAKI マーケット イシガキ
▶P.57

3 肴処 志堅原 [宮古島]
さかなどころ しけんばる
▶P.141

1 八重山そばは八重山諸島で愛されるソウルフード **2** 石垣牛ステーキを堪能 **3** 宮古島の鮮魚を和モダンな空間で味わう **4** 焼き立てのパンはコーヒーと相性抜群 **5** マンゴーなど沖縄ならではのフレーバーが全8種揃う **6** 口の中でとろけるふわふわの氷とマンゴーの組み合わせ **7** カラフルでフルーティーなシェイクは、常夏リゾートで味わうからこその格別の味

7 [来間島]
Pani Pani パニ パニ
▶P.138

6 [宮古島]
宮古島マンゴー専門工房 みやこじま せんもんこうぼう
ティダファクトリ ▶P.142,144

19

満天の星空
Starry Sky

世界に誇る
星空保護区で
天体観測。

八重山諸島で空を見上げると、プラネタリウムでしか見たことのない天の川が目の前に広がる。この土地では国内最多の84星座が観測でき、12月中旬から6月初旬は南十字星が望める。2018年には西表石垣国立公園が国内初の星空保護区に認定。涼しい風に身をゆだね、幻想的な星夜に酔いしれたい。

なが ぼし おか
流れ星の丘　　　　　[石垣島]
久宇良地区の小高い丘上にある。国内初の星空保護区に認定された、西表石垣国立公園の第一種エリアに属す。
MAP P.28 E-1 ☎080-6480-2445
所石垣市平久保 時20:00〜21:50（季節により異なる。要予約）休 荒天時 料4600円 交新石垣空港から約25km P あり

石垣・宮古瓦版

ISHIGAKI MIYAKO TIMES

絶景旅　大人

バイクシェア
サービスアプリを
ダウンロード

石垣島
コンドミニアムリゾート
VIVOVIVA石垣島が開業！

目の前に広がる海とサンセットを一望しよう

1階の客室にはプライベートプールが完備

VIVOVIVA石垣島（ビボビバ・いしがきじま）
MAP P.29 B-3 ☎0980-87-7775
所石垣市新川舟蔵2485-3 料1泊2万5740円〜 交新石垣空港から約18km Ｐあり

「大人の息抜きを叶える場所」をコンセプトに2024年3月オープン。新石垣空港から約18kmに位置し、周辺には保安林の自然が広がり、目の前には竹富島を望む。

全98室の客室は8タイプあり、全て50㎡以上の広さを誇る。リビングとベッドルームが一体となったコンドミニアム型の客室は、家具や家電が揃い、まるで暮らすような快適ステイが楽しめる。

石垣島
水族館やホテルまで！建設予定の
YAEYAMA GATEが気になる！

YAEYAMA GATE（ヤエヤマ・ゲート）
MAP P.30 D-2
所石垣市美崎町14 交ユーグレナ石垣港離島ターミナルから徒歩約7分

2028年以降に石垣市役所の跡地にオープン予定。13階建てで、ショッピングモール、ホテル、水族館が一体となった商業施設。観光地としてさらに活気づく石垣市に注目したい。

石垣島

シェアサイクル

「ちゅらチャリ」が石垣島でサービス開始！

2024年5月から石垣島でサービス開始。オーバーツーリズムで深刻化した、タクシーやレンタカー不足の課題解決に貢献する。30分220円〜。

宮古島
1日7組限定のヴィラ、アヤンナ宮古島に注目！

2024年4月、伊良部島に開業したオールスイートヴィラ。全室プライベートプール付きで、目の前に宮古ブルーの海と大自然が広がる。7組限定なので早期予約がおすすめ。

アヤンナ宮古島（みやこ）
MAP P.111 B-2
☎0980-79-8090
所宮古島市伊良部池間添1130 料1泊5万5000円〜 交宮古空港から約12km Ｐあり

宮古島
最旬グルメが集結！宮古横丁でグルメ三昧

宮古横丁（みやこよこちょう）
MAP P.112 E-1 ☎なし
所宮古島市平良西里7 1F 時15:00〜24:00 休無休 交宮古空港から約5.5km Ｐあり

ホテルアートアベニュー1階に最大200人収容の横丁スタイルのグルメエリアがオープン。施設内の全7店舗は宮古島産の食材を使用して、沖縄、タイ、韓国料理や炭火焼き、鉄板焼きを提供する。気軽に立ち寄ってみて。

AREA GUIDE

石垣島

竹富島 西表島 小浜島
波照間島 与那国島

**周辺スポットからの
アクセス**

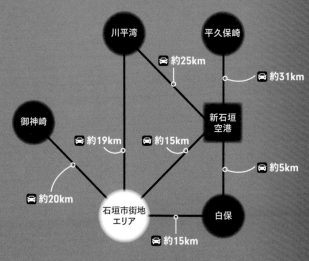

川平湾
平久保崎
🚗 約25km
🚗 約31km
新石垣空港
御神崎
🚗 約19km
🚗 約15km
🚗 約5km
🚗 約20km
石垣市街地エリア
白保
🚗 約15km

フサキビーチ[石垣島西部]
石垣島の西部にある、フサキビーチリゾートに隣接する天然ビーチ。穏やかな海の向こうに西表島や小浜島を見渡すことができる。

▶ P.41

石垣島
いしがきじま

観光案内
石垣市観光文化課
☎0980-82-1535

八重山諸島への玄関口

那覇から南西へ飛行機で約1時間の石垣島は、西表島や竹富島、小浜島など周辺の離島へ定期船が発着し、八重山諸島への玄関口となっている。このフェリーターミナルがある石垣島南部は、石垣市公設市場を中心に、飲食店やショップなどが集まっている。街なかは賑やかな一方で、島の北部へ向かうにつれて山々ののどかな景色が広がり、海沿いには絶景スポットが点在。美しい天然ビーチで海水浴やシュノーケルを楽しむこともできる。

海絶景だけじゃない！
【こんな楽しみ方もあります】

石垣市の中心部でショップ巡り ▶P.69

ユーグレナモール周辺にはおみやげ選びにちょうどいいおしゃれなショップが。伝統のみんさー織を使った雑貨など、石垣島らしいおみやげを。

八重山地方のグルメを満喫 ▶P.54

石垣島の名物グルメといえば八重山そば。カツオや豚骨を使ったスープにしっかりとした小麦の麺が特徴。ブランド肉の石垣牛もぜひ。

八重山諸島も巡ってみる ▶P.75

ユーグレナ石垣港離島ターミナルから、竹富島や西表島などの八重山諸島へ。昔ながらの集落や自然が残り、小さな島は日帰りでも楽しめる。

アクティビティツアーに参加する ▶P.42

自然に囲まれた石垣島は、シュノーケリングやダイビングなどのマリンアクティビティも人気。ツアー会社で予約するのが便利。

シーンに合わせて使い分け♪
【交通案内】

路線バス

空港から市街地、市街地から川平湾方面への路線などがある。空港～市街地までの運賃は500～540円程度。

タクシー

石垣タウンなどの市街地ではタクシーが便利。初乗り料金は500円で、空港から市街地までは3500円程度。

レンタカー

新石垣空港の周辺にレンタカーの営業所がある。営業所までレンタカー会社の送迎バスで行き、手続きを。

オリックスレンタカー
☎0980-87-5416
石垣島交通（タクシー）
☎0980-88-1777
東運輸（定期観光バス）
☎0980-87-5423

広い島内！どう回れば？
【上手に巡るヒント！】

1 移動手段はキホン、レンタカーが便利

島全体に見どころが点在する石垣島は、車移動が最も便利。各スポットには駐車場もある。繁華街のユーグレナモール周辺は店が集まっているので、徒歩やタクシー、自転車も使える。

2 起点はユーグレナモールまたは周辺のリゾートホテル

日本最南端のアーケード商店街、ユーグレナモール周辺には飲食店のほかカジュアルなホテルも多数。駐車場が完備されているところも多い。

3 フェリーに乗って八重山諸島にも行ける

市街地エリアにあるユーグレナ石垣港離島ターミナルから、八重山諸島への定期船が発着している。所要時間や便数、利用のしかたは付録「離島巡りガイド」またはP.155を参考にしよう。

裏ワザ さらに ☑ 定期観光バスもあり

石垣島のハイライトを1日で巡ることができる定期観光バスが便利。東運輸（左記）なら9時30分から14時まで、昼食付き4700円。

夕日もキレイな海沿いエリア

3 石垣島西部

断崖絶壁の絶景スポットや天然ビーチがあるエリア。名蔵湾にはマングローブが自生し、水辺にはさまざまな動植物が生息する。

絶景ナビ
石垣やいま村 ▶P.51
御神崎 ▶P.52
フサキビーチ ▶P.24、41

ココが観光のハイライト！

2 川平湾周辺

石垣島北西部の川平湾は、石垣島屈指の透明度を誇る。ツアーで体験できるグラスボートやシュノーケルも人気。周辺には絶景ビーチのほかに隠れ家的な工房なども点在。

BEST絶景

絶景ナビ
川平湾 ▶P.36
南島焼 ▶P.50、68

海に突き出た半島エリア

1 石垣島北部

石垣島の北東部に突き出したエリア。天然ビーチや牧場が点在するのどかな景色や海を見下ろす絶景地のほか、サバニ船や乗馬体験など自然の中で遊べるアクティビティも。

絶景ナビ
玉取崎展望台 ▶P.48
石垣島サンセットビーチ ▶P.41
石垣島馬広場 ▶P.42

ショップもグルメも多数集まる

4 石垣市街地エリア

石垣島南部はアーケード商店街のユーグレナモールや八重山諸島へのフェリーターミナルなどがある市街地。八重山そばの人気店やカフェ、おみやげ店、ホテルなどが充実。

絶景ナビ
宮良殿内 ▶P.52
ドルフィンファンタジー石垣島 ▶P.43

自然の多い内陸エリア

5 石垣島中央部

市街地エリアの北側は、標高230mのバンナ岳、川平湾の南東にある於茂登岳などの山に囲まれた自然豊かなエリア。カフェや工房も点在している。

絶景ナビ バンナ公園 ▶P.49

のどかな集落を散策

6 白保

空港からも近い白保地区には、サンゴ礁の海が広がる白保海岸とのどかな集落がある。食堂や民具の制作工房などにも立ち寄った。

絶景ナビ 白保海岸 ▶P.52

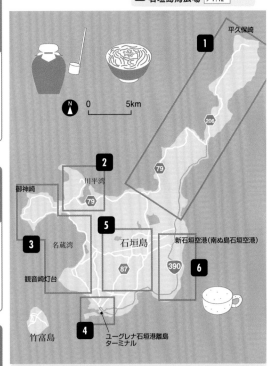

！ご注意を

車移動は余裕をもって

石垣島の主な県道は、追い越し禁止で一車線の道路が多い。ハイシーズンなどで道が混雑している場合は、カーナビの予測以上に時間がかかることも。

給油は市街地で

ガソリンスタンドは市街地に多く、北部エリアには少ない。ドライブ前に市街地で給油を済ませておこう。コンビニなどでの買い物も市街地で。

D
野底石崎
大浦山 ▲
伊原間湾
伊原間
放牧場
↑平久保崎へ
E
本
浦
川
206
79
大浦ダム
金武岳 ▲
390
セブンスターズ
リゾート石垣
野底岳 ▲
大野岳 ▲
玉取崎展望台 P.48
グランピングリゾート
ヨーカブシ
シーフォレスト P.58

東シナ海

伊野田漁港
桃里

野原崎

通路川

390

石垣島
海のもの山のもの P.70

久宇良サバニツアー P.42
(吉田サバニ造船)
石垣島サンセットビーチ P.41
ダテフ崎

流れ星の丘 P.20
北の崎

石垣島ミルククラウン

野底石崎

79
大浦山 ▲
野底
白保東小島
盛山
白保竿根田原洞穴遺跡

新石垣空港 (南ぬ島石垣空港) P.154

やちむん館工房 P.68

保
マクラム通り

白保海岸 P.52

旬家ばんちゃん P.60

F
大地離
平久保崎
平久保崎灯台
浦崎
石垣島馬広場 P.42

P.74 セブンカラーズ 石垣島

岩崎

206
安良岳
放牧場

石垣市
平久保

安良崎

石垣島

スカイアドベンチャーうーまくぅ

トムル崎

かーら家食堂 P.61

放牧場

伊原間
206

太平洋

↓中心部へ

太平洋

1

2

3

石垣島全図

広域図 ▶ P.7

0   1   2km

東シナ海

野底

1

アレーズドバレ ISHIGAKI | 石垣島

平離島

🏠 クラブメッド 石垣島

川平石崎

🏠 川平湾 P.36
🏠 まりんはうす ぐるくん P.39
🔲 アールズ・カフェ P.39
🔲 花花 P.39
❌ 川平公園茶屋 P.39,55

石垣シーサイドホテル 🏨

P.41 底地海水浴場 🏖

マジバナリ

P.52 高嶺酒造所

川平公園展望台

石垣島 青の洞窟

浦底

川平の宿やすらぎ 🏨

宿屋lotus 🏨

小島

P.52 御神崎 🏠 ・石垣御神埼灯台

崎枝湾

前富

P.59 ALOALO CAFE 🔲

川平湾

川平

P.41
米原海岸 🏖 79

ヤエヤマヤシ群落

桴海於茂登岳 ▲

桴海

於茂登トンネル

高間山 ▲

ホウラ

P.71 川平ファーム 🏠

P.17,68 やまばれ陶房 🏠

イタリコ

屋良部岳 ▲
島いろ窯 ・

ブルーオーシャンリゾート石垣島 🏨

八重山嘉とそば 🏠

87

そよ旅 SOYOTABI 🏠 P.50,68 南島焼 🏠

海と空石垣島 🏨

崎枝

於茂登岳 ▲

富良川

底原ダム

屋良部崎

崎枝南浜 ・

赤崎

真栄里ダム

209

大崎ビーチ ・

大崎

名蔵ヴィレッジ 🏨

石垣島

名蔵ダム

石垣市

2

79

P.50,68 石垣焼窯元 🏠

P.17,51 石垣やいま村 🏠

名蔵川

208

名蔵アンバル

名蔵

211

P.56,71 光楽園 🏠

211

宮

アンバル陶房

P.67 石垣の塩 🏠

211

平得

209

P.24,41 フサキビーチ 🏠

🏠 石垣島天文台 P.48

P.13,72 フサキビーチリゾート ホテル&ヴィラズ 🏨

P.48,49 バンナ公園 🏠

真栄里

冨崎ビーチ

新川

石垣

大川

登野城

87

🏠 唐人墓 P.52

福山海運(与那国~石垣)
八重山観光フェリー(上原~石垣)
安栄観光(上原~石垣)

P.22 VIVOVIVA石垣島 🏨

P.49 石垣島鍾乳洞 🏠

❌ 一休食堂 P.61

大浜

放

石垣島ビーチホテル サンシャイン 🏨

79

仲若牧場 ・

🏨 ぱいぬ島リゾート 石垣島

グランヴィリオリゾート石垣島 🏨

磯辺

宮良湾

ザ・ビーチテラス ホテル アオ石垣 🏨

P.30へ

新川川

◎

宮良川

八重山観光フェリー(上原~石垣)
安栄観光(鳩間~石垣)

3

中央運動公園 ・

石垣市役所

390

🏠 クルス・デル・スー

竹富港

八重山観光フェリー
安栄観光

竹富町役場 ○

コンドイ浜

竹富町

南ぬ浜町

・ 🏨 ANAインターコンチネンタ
石垣リゾート P.74

コンドイ岬

竹富

マエサトゴルフコース

🏠 マエサトビーチ P.40

竹富島

🏠 星のや竹富島 P.84

東岬

八重山観光フェリー(小浜~石垣)(竹富~石垣)(大原~石垣)(黒島~石垣)
安栄観光(小浜~石垣)(大原~石垣)(波照間~石垣)(黒島~石垣)

石垣市街地エリア

広域図 ▶ P.29

0　100　200m

とうふの比嘉 P.51

ヤシの家そうや

誓願寺卍

登野城

石垣市
大川

長間橋

208

ホテル海邦石垣島

石垣

石垣(北)

アートホテル石垣島

大浴場にいふあい湯

小波本橋

新川川

八重山闘牛場

健康福祉センター

P.61 知念商会

P.18,54 来夏世

P.62 あだん亭

石垣小

八重山農林高

石垣二中

中央運動公園

屋内練習場

石垣市
総合体育館

農高前

石垣島ホテル アダン

海星小

87

登野城小

マックスバリュ

VANILLA・DELI P.65

石垣市特産品販売センター P.70

石垣市公設市場

宮良殿内 P.52

石垣島冷菓 P.56

さんぴん工房 P.69

ユーグレナ
モール P.26

大川(南)

shimaai P.69

八重山郵便局

サンゴツリー P.69

一魚一会 P.63

730記念碑

八重山博物館

ゲストハウス喜舎場

P.55 キミ食堂

石垣市伝統工芸館

さよこの店 P.57

八重山高

P.17,69,104 みんさー工芸館

八重山警察署

とうぬすく公園

平真小

まつむとう家

やりすぎ居酒屋 ひの蔵

平得(西)

390

CACAO & Salty MARKET ISHIGAKI P.19,57

仲道

付録 ユーグレナモール周辺

裁判所

390

アパホテル石垣島

ホテルピースアイランド
石垣イン八島

フェリーターミナル

サザンゲート入口

ホテルパティーナ
石垣島

チューリップ
石垣島

ジネスホテル

民宿こはもと

マーレ石垣島

幸地薬局

みさきタクシー

ゲストハウスゆんテラス

ホテルサンドリバー石垣島

すどまりの宿マルトモ荘

マックスバリュ

真栄里

八重山商工高

平良商店 P.55

八島町(東)

真栄里(南)

虎壱精肉店

Mr. KINJO Suns ISHIGAKI

らーめんパンダ食堂

サザンゲートブリッジ

八島町

真栄里公園

登野城漁港

ぬ浜町緑地公園

南ぬ浜町人工ビーチ

八島小

P.59 REHELLOW BEACH

やどかり公園

390

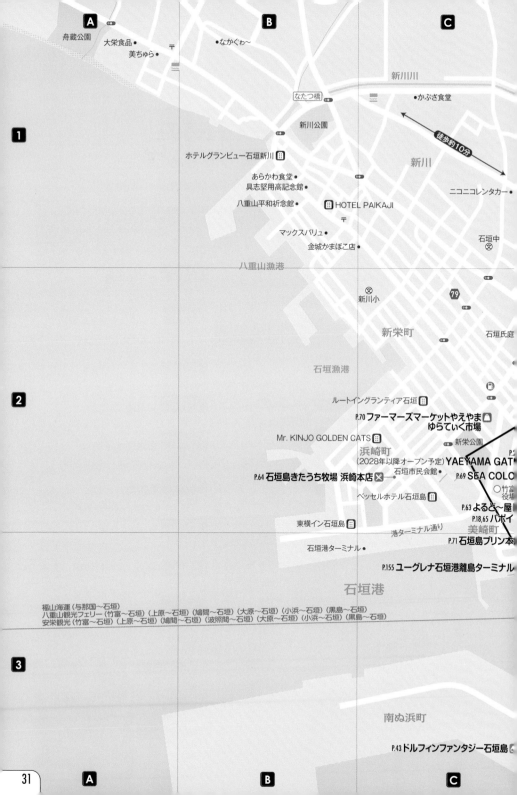

舟蔵公園
大栄食品•
美ちゅら•

•なかぐぅ～

新川川

〒

なたつ橋
•かぶさ食堂

徒歩約10分

1

新川公園

新川

ホテルグランビュー石垣新川

あらかわ食堂•
具志堅用高記念館•
八重山平和祈念館•

HOTEL PAIKAJI

ニコニコレンタカー•

〒

マックスバリュ•
金城かまぼこ店•

石垣中

八重山漁港

新川小

79

新栄町

石垣氏庭

石垣漁港

2

ルートイングランティア石垣

P.70 ファーマーズマーケットやえやま
ゆらてぃく市場

新栄公園

Mr. KINJO GOLDEN CATS

浜崎町
(2028年以降オープン予定)
P.64 石垣島きたうち牧場 浜崎本店

YAEYAMA GAT
P.○

石垣市民会館•

P.69 SEA COLO

○竹富
役場

ベッセルホテル石垣島

P.63 よるど～屋

東横イン石垣島

P.18,65 パパイ

港ターミナル通り

美崎町
P.71 石垣島プリン本

石垣港ターミナル•

P.155 ユーグレナ石垣港離島ターミナル

石垣港

福山海運（与那国～石垣）
八重山観光フェリー（竹富～石垣）（上原～石垣）（鳩間～石垣）（大原～石垣）（小浜～石垣）（黒島～石垣）
安栄観光（竹富～石垣）（上原～石垣）（鳩間～石垣）（波照間～石垣）（大原～石垣）（小浜～石垣）（黒島～石垣）

3

南ぬ浜町

P.43 ドルフィンファンタジー石垣島

大人の旅プランは、何がしたいか？で選びたい！

2泊3日

石垣島・竹富島

石垣島の**ハイライト**を巡り
竹富島へも**日帰りトリップ**

石垣島のハイライトを巡り、人気の離島・竹富島へも日帰りで！

1日目　空港に着いたら石垣島を ぐるっとドライブ

10:00 車25分	**新石垣空港**（しんいしがきくうこう） 空港周辺でレンタカーを手配	
11:00 車5〜10分	**ユーグレナモール周辺**（しゅうへん） 車は駐車場に停めて徒歩で散策しよう	▶P.26
12:00 車25〜30分	**ランチ**	来夏世 ▶P.54 とうふの比嘉 ▶P.51
13:30 車10分	**川平湾**（かびらわん）	▶P.36
15:00 車20分	**底地海水浴場**（すくじかいすいよくじょう） 底地海水浴場の遊泳期間は4〜9月！	▶P.41
16:00 車25分	**御神崎**（おがんざき） 西海岸沿いの県道79号線を南下	▶P.52
17:00 車15分	**フサキビーチ** サンセットも絶景！	▶P.41
19:00 車15分	**ディナー**	あだん亭 ▶P.62 一魚一会 ▶P.63
Stay	**ユーグレナモール周辺のホテル**	

川平湾

「とうふの比嘉」で
ゆし豆腐を味わう ▶P.51

底地海水浴場

「さんぴん工房」で
おみやげ選び ▶P.69

ユーグレナモール

御神崎

石垣市公設市場

夜は「一魚一会」で
島料理を ▶P.63

2日目　フェリーで水牛車が有名な竹富島へ！

9:30	ユーグレナ石垣港　離島ターミナル ▶P.155
フェリー10〜15分	チケットは離島ターミナルで購入。ハイシーズンは予約を

9:45	竹富港
徒歩15分	

10:00	水牛車散歩 ▶P.81
徒歩2〜5分	

12:00	ランチ　そば処 竹の子 ▶P.82
自転車8分	集落でレンタサイクルを借りると移動がラクラク

13:30	コンドイ浜 ▶P.82
自転車5分	

15:00	五香屋 ▶P.83
自転車+徒歩20分	集落でレンタサイクルを返却して、送迎車で竹富港へ

17:15	竹富港
フェリー10〜15分	

17:30	ユーグレナ石垣港　離島ターミナル
徒歩5分	

18:00	民謡酒場　よるど〜屋 ▶P.63

3日目　石垣タウンで島のカルチャーを体感

10:00	石垣市公設市場
徒歩1〜5分	周辺の有料駐車場に車を停める

11:00	ランチ＆ショッピング
車5〜10分	

13:30	みんさー工芸館 ▶P.69、104
車で25分	空港周辺でレンタカーを返却する場合は時間に余裕をもって

15:00	新石垣空港

竹富島の集落

カイジ浜

五香屋

ランチは「そば処 竹の子」で八重山そば ▶P.82

ユーグレナモール

みんさー工芸館

shimaai

「VANILLA・DELI」で石垣牛バーガー ▶P.65

さよこの店

option 泊まりでも！
八重山諸島をフェリーで離島ホッピング

石垣島からフェリーや飛行機でアクセスできる八重山諸島。島の面積も大きく見どころ豊富な西表島をはじめ、のんびりとした時間を過ごせる島は1泊するのもおすすめ。 ▶P.75

海を目指してドライブ＆
ユーグレナモール周辺で食と文化を満喫！

 絶景ナビ　ユーグレナモール周辺〜川平湾〜米原ビーチ〜
ユーグレナモール周辺

1日コース

飲食店やみやげ店が並ぶ商店街、ユーグレナモール周辺から、絶景を目指して車で北上。
夜は沖縄ならではの民謡酒場で沖縄カルチャーを満喫しよう。

10:00　石垣島一のハイライト！
川平湾（かびらわん）

川平公園内の展望台からはエメラルドグリーンの海が美しい川平湾を一望。階段を下りて真っ白な砂浜を散策したり、グラスボートを体験してみるのもいい。

絶景ナビ
▶P.36

徒歩すぐ

11:30　地元民も認める絶品八重山そば
川平公園茶屋（かびらこうえんちゃや）

ランチは川平公園内にある食堂で。八重山そばは、この味を求めて地元の人々が車で訪れるというほどの看板メニュー。石垣島の形をしたかまぼこがポイント。

▶P.39、55

車で約15分

12:30　静かな天然ビーチでリラックス
米原海岸（よねはらかいがん）

川平湾の東に続く米原海岸周辺は自然の宝庫。米原ビーチは米原キャンプ場に隣接し、シュノーケルポイントとして人気の天然ビーチ。波が穏やかなので安心。

絶景ナビ
▶P.41

車で約15分

START

ユーグレナモール周辺

島の南部に位置するユーグレナモールを中心とした市街地は、駐車場付きのホテルが多いので、ここを旅の起点にするのが便利。市街地からはレンタカーで絶景ドライブをスタート。

車で約15分

9:00　島の中央部にある展望スポット
バンナ公園（こうえん）

標高230mのバンナ岳全体が森林公園になっている。公園内には車で入ることができ、「エメラルドの海を見る展望台」からは市街地や美しい海を見渡せる。

絶景ナビ
▶P.49

車で約30分

県道208号線や79号線を使って北上する。79号線は海沿いのドライブ。自然豊かな風景を楽しみつつ、20〜30分で川平公園に到着。公園内は散策できる。

徒歩すぐ

ⓘ ドライブナビ

沖縄本島から南西に約4 10km、エメラルドグリーンの海に浮かぶ石垣島。海沿いの展望スポットや絶景ビーチを巡るなら、最も便利なのがレンタカー。

ドライブは駐車場付きのホテルが多数あるユーグレナモール周辺からスタートしよう。観光のハイライトである川平湾までは車で約30〜40分。バンナ岳や於茂登岳などの大自然を楽しみつつドライブしよう。追い越し禁止の道路が多いので、ハイシーズンは混雑することも。川平湾にでかけるなら早めの行動がおすすめだ。

おみやげ探しや食事なら、中央商店街のユーグレナモールへ。駐車場に車を停めてから、徒歩で回ろう。

県道79号線の南側は標高約525mの於茂登岳（おもとだけ）。石垣島と西表島にしかないヤエヤマヤシの群落が見事で、樹高は20m以上にもなる。

🚗 車で約15分

15:00 　トロピカルフルーツでひと休み
光楽園

県道87号線で石垣島の中央部を南下。ドライブの途中に休憩するなら、南国フルーツのジュースやパルフェで。花と緑に包まれた絶景のテラス席もステキ。

▶ P.56、71

一年を通してさまざまなフルーツを味わえるのが魅力

🚗 車で約15分

ユーグレナモール周辺に戻ったら、車を周辺の有料駐車場に停めるか、宿泊ホテルに車を置いて徒歩で散策を。中心部の石垣市公設市場周辺は飲食店やショップが多数。

👣 徒歩すぐ

16:00 　島の手作りの逸品をセレクト
さんぴん工房 （こうぼう）

やきもの、布もの、紙もの作り工房として創業。ユーグレナモール内には手仕事の温もりを感じるみやげ店が軒を連ねる。

▶ P.69

👣 徒歩約10分

18:00 　ディナーは石垣牛を焼肉で
石垣島きたうち牧場 浜崎本店 （いしがきじま きたうちぼくじょう はまさきほんてん）

石垣島が誇るブランド肉、石垣牛の各部位を堪能できる炭火焼肉の人気店。こだわりのブランド牛を地元ならではのお値打ち価格で味わえるのがうれしい。

▶ P.64

👣 徒歩約10分

21:00 　シメは民謡酒場で盛り上がる！
よるど～屋 （や）

個人経営の飲食店も多いユーグレナモール周辺。2軒目は民謡酒場へ。お酒や料理を楽しみながら、島人による民謡ライブを見学できる。飛び入り参加もOK。

▶ P.63

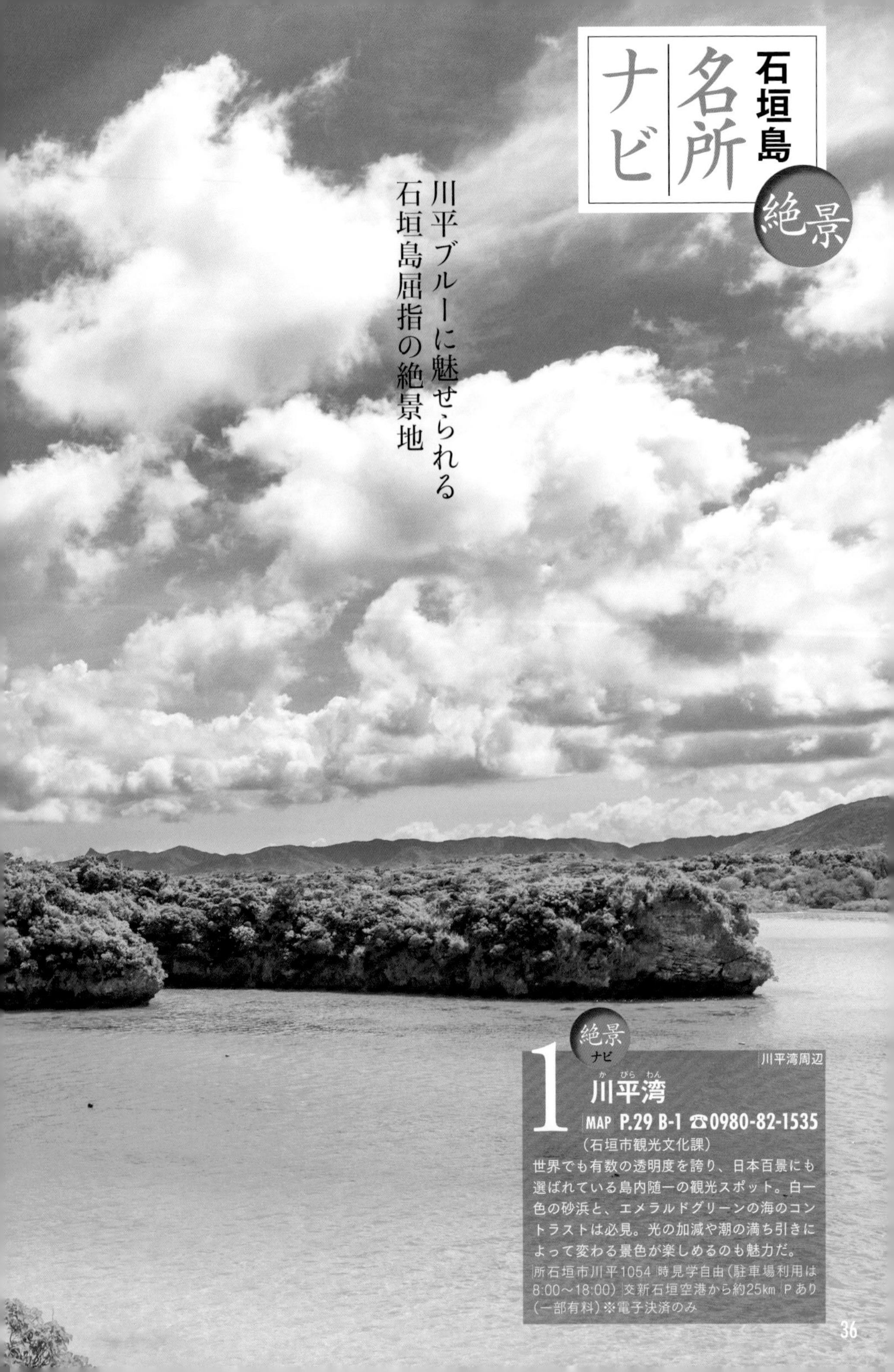

石垣島名所ナビ 絶景

川平ブルーに魅せられる石垣島屈指の絶景地

絶景ナビ

1

川平湾周辺

川平湾（かびらわん）

MAP P.29 B-1 ☎0980-82-1535（石垣市観光文化課）

世界でも有数の透明度を誇り、日本百景にも選ばれている島内随一の観光スポット。白一色の砂浜と、エメラルドグリーンの海のコントラストは必見。光の加減や潮の満ち引きによって変わる景色が楽しめるのも魅力だ。

所石垣市川平1054 時見学自由（駐車場利用は8:00〜18:00）交新石垣空港から約25km P あり（一部有料）※電子決済のみ

展望台がベスト
島の全景が見渡せる。この景色を見るためだけに訪れても損はない

満潮時が◎
海のグラデーションがより濃く、より澄んだ海を見ることができる

アクティビティも
グラスボートのほか、カヌーや湾内の無人島散策なども楽しめる

石垣島
[絶景名所ナビ]

展望台からは絵に描いたような絶景が広がる

1 公園の周囲は自然豊かで、季節や時間帯によって異なる景色を楽しめる **2** 真っ白な砂浜と、透明度抜群の海が見る者を魅了 **3** 遊歩道の至るところにハイビスカスが植えられており、南国気分を味わえる **4** 島全体を見ることができる展望台。絶好の映えスポットで、毎日多くの観光客が訪れる

サラサラで
真っ白な砂浜を
裸足で歩く！

観光客で賑わう人気の景勝地

川平湾だけじゃない！
川平公園周辺をぐるっと散策

浜辺では
可愛らしい猫が
観光客を歓迎

グラスボートを体験！

川平湾の売りのひとつである
グラスボート。水に濡れずに
海の世界を満喫できる大人気
のアクティビティだ。

料金	1300円
所要	30分
予約	電話またはネットで

まりんはうす ぐるくん
MAP P.29 B-1 ☎0980-88-2898
所石垣市川平926-5 時9：00～17：00 休無休

❶ チケットを購入

9～17時まで、15～
20分間隔で年中運航
しており、それほど
待たずに利用できる

❷ 乗船する

サンゴや魚の集まる
場所などを船長のガ
イドで案内してくれる。
所要時間は約30分

❸ 海中を観察

真ん中の船底がガラ
ス張りになっており、
間近に海の中の生物
を見ることができる

石垣島屈指の絶景スポット

島の北西部にあり、島を一周するドライブぐりのポイントに、選りすのがうれしい。海の中を満喫できるに海の中を満喫できる船に乗ったまま濡れず

では欠かせないスポット。吸い込まれそうな透明度の高い海は、日本百景やミシュラン・グリーンガイドでも星を獲得するほど評価が高い。長が解説を交えながら案内してくれる。大きなシャコ貝や、「ニモ」のモデルになったカクレクマノミにも出合える。

色鮮やかなサンゴ礁や魚が優雅に泳ぐ姿が見られるグラスボートは老若男女問わず大人気。船底がアクリルガラスでできているため、周囲にはグラスボートの店のほかにも飲食店やみやげ物店などが集結。なお、川平湾は潮の流れが速いため、遊泳は禁止されているので注意しよう。

周辺グルメをチェック

Ⓐ 川平公園茶屋
（かびらこうえんちゃや）
☎0980-88-2210

公園内に隣接する食堂。鶏ガラ、
豚骨、カツオ、昆布でダシをとっ
た八重山そばをはじめ、沖縄の
家庭料理が豊富にそろう。

▶P.55

Ⓑ アールズ・カフェ
☎0980-88-2288（琉球真珠株式会社）

川平湾を見渡す癒しのひととき
が過ごせるカフェ。八重山そば
850円やレアチーズケーキ600
円など、ランチやカフェに使える。
所石垣市川平934 琉球真珠株式
会社内 時10：00～15：30 休無休

Ⓒ 花花
（はなはな）
☎0980-88-2706

海の駅KABIRA内のジューススタンド。黒糖氷ぜんざい550円
や、レモンを入れると色が変わ
る川平ブルー300円が人気。
所石垣市川平911 時10：00～16：30 休水曜

まりんはうす ぐるくん
P
WC C花花
P
川平公園茶屋
A
川平湾
207
川平公園展望台
まりんはうす ぐるくん
B
アールズ・カフェ

2 マエサトビーチ

絶景
ナビ

石垣島南部

MAP P.29 C-3 ☎0980-88-7111
（ANAインターコンチネンタル石垣リゾート）
石垣市の中心部から車で約10分、リゾートホテル内にあるプライベート感あふれるビーチ。シュノーケルツアーやスタンドアップパドルなど多彩なマリンアクティビティも魅力。
所石垣市真栄里354-1 時9：00～17：00（遊泳期間は3月下旬～10月）休荒天時 交新石垣空港から約12km Pあり

▶P.74

海水浴や
アクティビティは
遊泳区域で！

■絶景ビーチで海水浴
How to ビーチ遊び

海水浴の際に気を付けたい4つのポイントを押さえて、いざ南国の楽園ビーチへ！

❹持っていくモノ
ホテルのビーチならレンタルグッズがあるので手ぶらでOK。日差しが強いのでビーチ用テントなどがあると◎。

**❸シュノーケルも
　おすすめ**
シュノーケルグッズがあれば、浅瀬でも熱帯魚などが見られることも。潮の流れが速い場所には注意しよう。

**❷遊泳期間は
　主に夏**
石垣島の海開きは3月中～下旬頃から10月頃まで。管理されていない天然ビーチは通年散策を楽しめる。

**❶管理されている
　ビーチは5カ所！**
紹介しているビーチを含め、管理されているのは5カ所（米原ビーチは除く）。潮の流れが比較的穏やか。

40

エリアで選ぶ！
そのほかの
人気ビーチへ

石垣島北部から街なかに近い西部まで。近くのビーチをチェックしよう。

底地海水浴場
すくじ かいすいよくじょう

MAP P.29 B-1 ☎090-3198-7099/0980-87-0510
（バリュークリエーション）

川平湾周辺

川平湾から車で約5分のビーチ。波は穏やかで家族連れにおすすめだ。

所石垣市川平185-1 時9:00〜18:00（遊泳期間は4〜9月.7〜8月は〜19:00）休無休 料無料 交新石垣空港から約27km Pあり

米原海岸
よねはらかいがん

MAP P.29 C-1 ☎0980-82-1535
（石垣市観光文化課）

川平湾周辺

シュノーケルで人気の遠浅ビーチ。周辺やヤエヤマヤシ群落など自然豊か。一年中開放されている。

所石垣市桴海 時遊泳自由 交新石垣空港から約17km Pあり

フサキビーチ

MAP P.29 B-3 ☎0980-88-7000
（フサキビーチリゾート ホテル＆ヴィラズ）

石垣島西部

ホテルに隣接するビーチ。有料のマリンアクティビティやレンタル用品が豊富。

所石垣市新川1625 時9:00〜16:30（時期により異なる）休荒天時 料無料 交新石垣空港から約19km Pあり（有料.宿泊者は無料）

▶P.24、72

石垣島サンセットビーチ
いしがきじま

MAP P.28 E-1 ☎0980-89-2234

石垣島北部

西海岸に面する。各種マリンメニューが用意され、シャワーやトイレ、更衣室も完備した快適ビーチ。

所石垣市平久保234-323 時9:30〜18:00（遊泳期間5〜10月中旬）休荒天時 料500円 交新石垣空港から約26km Pあり（有料）

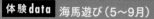

体験data 海馬遊び（5〜9月）

馬と一緒に海に入る「海馬遊び」は
夏期限定の人気メニュー！

料金	1万2000円
所要	1時間30分〜2時間
予約	電話またはネットで

←

←

石垣島馬広場
OPEN中

❸ 海遊び＆のんびり
馬に乗って海中散歩や、しっぽに捕まって泳いだり約30分遊べる

❷ ビーチに移動
レンタカーまたは牧場専用車でビーチまで移動し、馬と対面！

❶ 牧場に集合
まずは牧場に集合。着替えなどの準備や、事前説明を受ける

---

3 絶景ナビ　石垣島北部

石垣島馬広場

MAP P.28 F-1 ☎080-6485-5979

石垣島最北端の平久保エリアにあり、ヨナグニウマとふれあえる観光牧場。牧場内だけでなく、周辺の集落やビーチなどでも乗馬や散歩を。初心者でも楽しめるコースが充実。

所石垣市平久保平久保牧355 時9：00〜18：00（冬期は10：00〜17：00） 休不定休 交新石垣空港から約32km Pあり

Bestシーズン	5月〜9月下旬

おとなしい
ヨナグニウマと
のんびりお散歩

砂浜から乗船し
平久保半島の
大自然を体感！

濡れてもいい格好で。日焼け対策に長袖がおすすめ

4 絶景ナビ　石垣島北部

久宇良サバニツアー

MAP P.28 E-1 ☎0980-89-2525
（吉田サバニ造船）

沖縄伝統の木造船「サバニ」でクルージング体験。サンゴ礁のポイントまでサバニで行ってシュノーケルを楽しむツアー9000円やサンセットツアー8000円などがある。未就学児は全ツアー1000円で参加可能。

所石垣市平久保234-243 時10：00/13：00/15：00/夕方 休荒天時 交新石垣空港から約25km Pあり

体験data サバニライド

サバニに乗って、船でしか行けないプライベートビーチに上陸！

料金	6000円
所要	1時間30分
予約	電話またはネットで

＋シュノーケルツアーもシュノーケルの道具はレンタルできるので手ぶらでOK！

石垣島 [絶景名所ナビ]

絶景ナビ 5 SUPクルージング

石垣島西部

☎050-5212-8345
（石垣島ツアーズ）

ボードの上に立って海の上をスイスイと漕いで遊ぶスタンドアップパドル。開放的な昼間の海はもちろん、より幻想的な景色を楽しめる日没時のツアーが人気。

所 石垣島各所　休 無休

体験data サンセットSUP

ポイントとなる西海岸の海まで無料送迎。ナイトSUPも。

場所 名蔵湾　時間 18：30～20：30　料金 1万円　所要 約2時間
予約 電話またはネットで（電話は3時間前、ネットは前日までに）

見渡す限り夕日に染まる海の上をクルージング

人なつこいイルカたちに会いに行こう

体験data ドルフィンスイム

イルカとのふれあいのあと、ウェットスーツを着て一緒に泳げる。

料金 1万2980円　所要 約2時間
予約 電話またはネットで

絶景ナビ 6 ドルフィンファンタジー石垣島

石垣市街地エリア

MAP P.31 C-3 ☎0980-87-5088

市街地から車ですぐのふれあい体験施設。いけすの中で一緒に泳ぐドルフィンスイムをはじめ、イルカとふれあえるプログラムが用意されている。水着やタオル、サンダルを持参。

所 石垣市南ぬ浜町1　時 10:00/12:00/14:00/15:30/17:00（12～3月は10:00/12:00/14:00/16:00）　休 荒天時　交 ユーグレナ石垣港離島ターミナルから約1.6km　P あり

泳げなくても楽しめる♪ そのほかのイルカ体験

ふれあい

泳げなくても大丈夫。直接エサをあげたりさわったりできる。約1時間で6980円。

トレーナー体験

冬期（12～3月）限定。ジャンプの合図を出したりイルカと握手ができる。約4時間1万3200円。

43

7 絶景
ナビ

西表島周辺

バラス島

MAP P.87 B-1

サンゴのかけら（バラス）が堆積してできた砂浜だけの無人島。西表島の北の海に位置し、石垣島や西表島から船でアクセスできる。日帰りで訪れ、シュノーケリングを楽しもう。

▶ P.47

見渡す限り
エメラルド色の
海が広がる！

info バラス島へは
ボートでアクセス！

ツアー会社のボートで島に上陸で
きる。詳しくはP.47へ。

●石垣島から約50分
●西表島上原港から約10分

潮の満ち引きや天候で島の形が変
わったり場所が移動したりする

石垣島
［絶景名所ナビ］

エメラルドの海に浮かぶ
砂洲だけの無人島！

青い海に浮かぶ
サンゴの小島で
絶景体験！

1バラス島の直径は大きくても畳5枚分ほど。潮位や海況で変化する 2バラス島の周辺には日本最大級のサンゴ礁が広がり、絶好のシュノーケルポイントとしても知られている 3ウミガメとの遭遇率が高いのも魅力 4透明度が高く、「奇跡の島」とも呼ばれる。CMのロケなどにも使われる

八重山諸島周辺にあり、船で行ける！

石垣島から行ける
絶景アイランドへトリップ

写真映えスポット
として人気の
絶景アイランドへ

秘境の小島で海絶景を独り占め

サンゴのかけらが堆積してできた「バラス島」など、八重山諸島ならではの自然が生み出す美しい光景に出合うことができる。

それぞれの島へは、石垣島や西表島からツアー会社のボートでアクセスする。シュノーケルを体験できるツアーなら道具もレンタルできて、手ぶらでOK。日帰りで楽しめるとあって人気のツアーとなっている。

ツアー開催は海況や天候により左右され、夏期限定の場合もあるので、詳細は各ツアー会社へ問い合わせを。ハイシーズンは予約が殺到するので早めの予約が安心だ。

八重山諸島周辺には、エメラルドグリーンの海にぽつんと浮かぶ砂浜だけの小島が存在している。この奇跡のような絶景の島々は、マリンショップなどが催行するツアーだけ訪れることができる、まさに「幻の島」。

---

info ツアーはコチラ！

幻の島

はいむるぶし
☎0980-85-3111
（アクティビティカウンター）
【石垣島発】【小浜島発】
料1万500円〜

予約まとめサイトもチェック
Wow!
石垣島アクティビティ
https://ishigaki-activity.com/

幻の島

ライズ石垣島
☎0980-87-0136
【石垣島発】
料7300円（3名以上で6800円）
※参加グループにつき1台
GoPro無料レンタルサービス付き

幻の島 **パナリ島** **バラス島**
石垣島ツアーズ
☎050-5212-8345
【石垣島発】
料7000円〜

西表島周辺

パナリ島（新城島）
とう あらすくじま
MAP P.7 C-3
上地島と下地島からなる有人島。シーカヤックやシュノーケルのほか、のどかな集落を散策できる。
●石垣島から約40分
●西表島大原港から約15分

西表島周辺

バラス島
とう
MAP P.87 B-1
西表島の北にある無人島。周辺はサンゴ礁に囲まれ、シュノーケリングを楽しめる。
●石垣島から約50分
●西表島上原港から約10分　▶P.44

小浜島周辺

幻の島（浜島）
まぼろし しま はまじま
MAP P.7 C-2
小浜島の沖合にあり、干潮時のみ姿を現す三日月形の砂洲。周辺でシュノーケルやダイビングを。
●石垣島から約30分
●小浜島から約15分　▶P.95

鳩間島
バラス島
上原港
幻の島（浜島）
石垣島
西表島
小浜島
石垣港
竹富島
黒島
パナリ島（新城島）

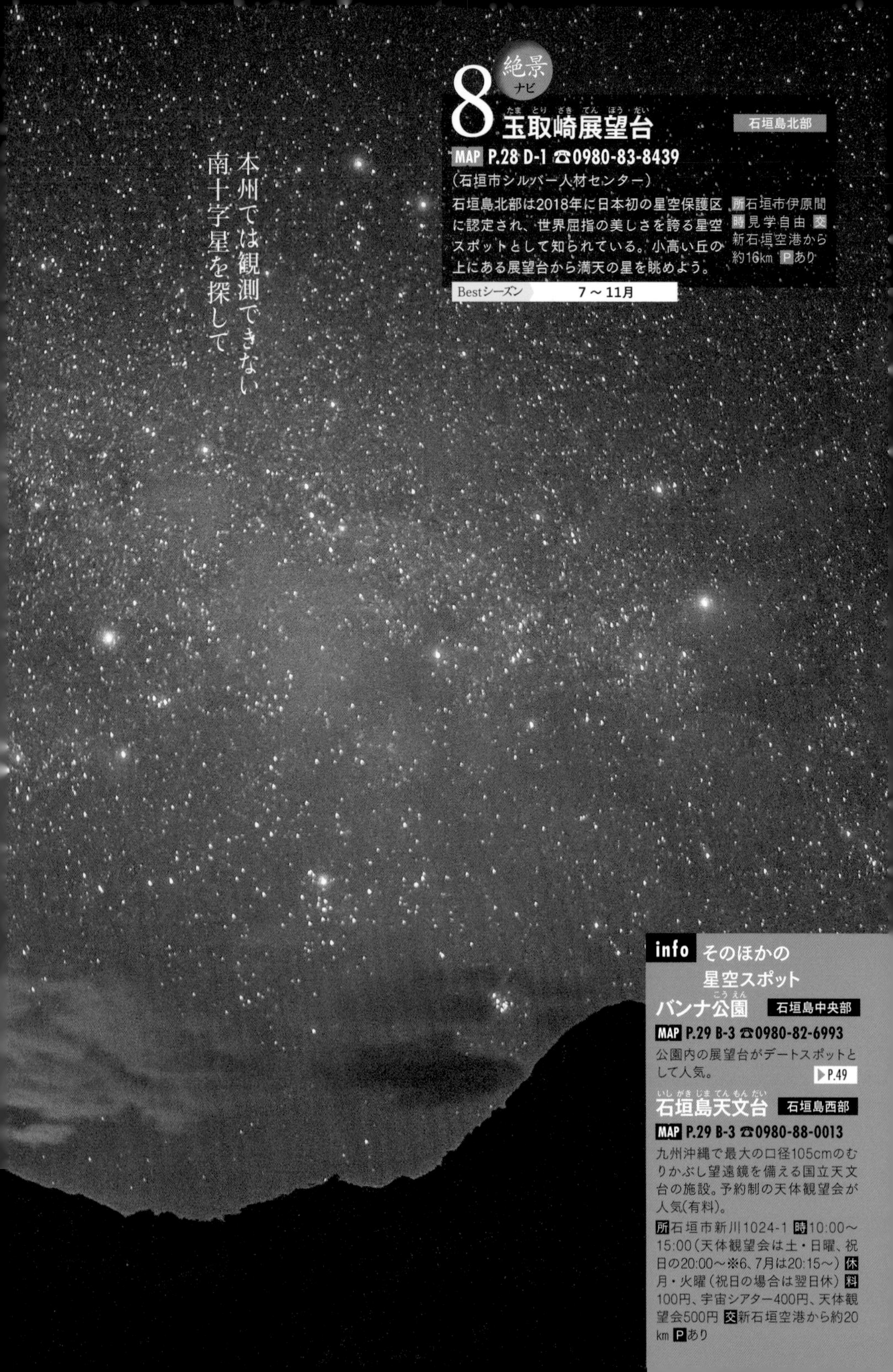

本州では観測できない
南十字星を探して

絶景ナビ 8

玉取崎展望台（たまとりざきてんぼうだい）

石垣島北部

MAP P.28 D-1 ☎0980-83-8439
（石垣市シルバー人材センター）

石垣島北部は2018年に日本初の星空保護区に認定され、世界屈指の美しさを誇る星空スポットとして知られている。小高い丘の上にある展望台から満天の星を眺めよう。

所 石垣市伊原間 時 見学自由 交 新石垣空港から約16km P あり

Bestシーズン 7～11月

info そのほかの星空スポット

バンナ公園（こうえん）

石垣島中央部

MAP P.29 B-3 ☎0980-82-6993

公園内の展望台がデートスポットとして人気。

▶P.49

石垣島天文台（いしがきじまてんもんだい）

石垣島西部

MAP P.29 B-3 ☎0980-88-0013

九州沖縄で最大の口径105cmのむりかぶし望遠鏡を備える国立天文台の施設。予約制の天体観望会が人気(有料)。

所 石垣市新川1024-1 時 10:00～15:00（天体観望会は土・日曜、祝日の20:00～※6、7月は20:15～） 休 月・火曜（祝日の場合は翌日休） 料 100円、宇宙シアター400円、天体観望会500円 交 新石垣空港から約20km P あり

9 石垣島鍾乳洞

絶景ナビ

石垣島西部

MAP P.29 B-3 ☎0980-83-1550

20万年もの歳月をかけて作り上げられた全長3.2㎞（公開は660m）の鍾乳洞。洞窟内にはイルミネーションが施され、神秘的な雰囲気が漂っている。おみやげショップや食堂も併設されているほか、手作り体験教室も実施。

所石垣市石垣1666 時9：00〜18：00 休無休 料1200円 交新石垣空港から約14㎞ Pあり

さまざまな形の鍾乳石が神秘の輝きを見せる

サンゴ礁から生まれた石垣島最大の鍾乳洞

10 バンナ公園

絶景ナビ

石垣島中央部

MAP P.29 B-3 ☎0980-82-6993

市街地から車で約10分。標高230mのバンナ岳にある海の見える森林公園。自然観察ゾーンは日没後、ホタルが飛行する幻想的な観賞スポットとして知られている。

所石垣市石垣 時9：00〜21：00（展望台は見学自由）休無休 料無料 交新石垣空港から約14㎞ Pあり

| Bestシーズン | 4〜5月 |

ホタルを見るなら日没前からスタンバイ！

info 八重山諸島で見られるホタル

ヤエヤマヒメボタル、サキシママドボタルなどが石垣島や西表島に生息している。

南国らしい
熱帯魚が特徴の
湯のみ2500円

①粘土を作る工程から焼き上げるまで、約
3カ月の時間を要する ②「まだ描きたいも
のがたくさんある」と店主のロリマーさん

絶景
ナビ

11 南島焼
なん とう やき

MAP P.29 B-2 ☎090-9780-3529

川平湾周辺

人里離れた川平の山奥にある自然豊かな工房。
商品にはアカショウビンやマンタなど、石垣島
の植物や動物が多く描かれ、茶碗やコーヒー
カップが人気。来店前に要連絡。

所石垣市川平1218-263
時10:00～18:00 休不
定休※来店前要予約
交新石垣空港から約18
km Pあり ▶P.68

見とれるほどの
美しさを誇る
唯一無二の逸品

油滴天目(ゆてきてんも
く)と鮮やかな青が輝く
5寸皿

ブルーのグラデーション
が美しいネックレス4180
円は女性に大人気

絶景
ナビ

石垣島西部

12 石垣焼窯元
いし がき やき かま もと

MAP P.29 B-2 ☎0980-88-8722

沖縄の海を表現した自然発色のガラスを陶器
と融合させた焼物を製造・販売。作品が大英
博物館にも展示されるほど、世界的にも評価
が高い。石垣焼を体験できる陶芸教室も実施。

所石垣市名蔵1356-71 時9:00～17:00 休無休
交新石垣空港から約17km Pあり ▶P.68

1

> ほんのり温かく
> 滋味深い味わい
> が絶品！！

13 絶景ナビ

とうふの比嘉

MAP P.30 D-1 ☎0980-82-4806

サトウキビ畑の中にたたずむ創業約60年の老舗豆腐店。3代目の比嘉定二さんが毎朝手作りするできたての豆腐を求めて日本各地から客が訪れる名店だ。

所石垣市石垣570 時6：30〜売り切れ次第閉店 休日曜 交ユーグレナ石垣港離島ターミナルから約2.5km Pあり

1 ゆし豆腐セット（大）650円はご飯と豆乳、漬物付き **2** 工房に食事処が併設

2

14 絶景ナビ

石垣やいま村

MAP P.29 B-2 ☎0980-82-8798

名勝「名蔵湾」を一望する丘の上にあり、八重山地方の家並みを再現したテーマパーク。国の有形文化財に登録された赤瓦の古民家では、琉球衣装やシーサー色付けなど体験を開催。

所石垣市名蔵967-1 時9：00〜17：00 休無休 料1200円 交新石垣空港から約16km Pあり

敷地内に古民家が点在。ラムサール条約に登録された名蔵アンパル（マングローブなど）の自然探勝路も

> おみやげショップ
> や食堂もあり、
> 一日遊べる

info リスザルの森
でふれあい

園内では中南米原産のボリビアリスザルを自然に近い状態で飼育。

絶景ナビ 16 御神崎（おがんざき）
MAP P.29 A-1 ☎0980-83-8439
（石垣市シルバー人材センター）
石垣島西部

石垣島最西端の景勝地。切り立った断崖絶壁の上からサンゴ礁の海原を見渡し、夕日スポットとしても有名。
所石垣市崎枝 時見学自由 交新石垣空港から約27km Pあり

絶景ナビ 15 星空鑑賞ツアー（ほしぞらかんしょう）
☎0980-88-7111
（ANAインターコンチネンタル石垣リゾート）
石垣島南部

ホテル前のビーチで、ガイドの解説付きの星空鑑賞ツアーに参加。宿泊者以外も参加できる。
所石垣市真栄里354-1 時20：00～21：20（6～7月は20：30～） 休荒天時 料2500円 交新石垣空港から約12km Pあり ▶P.74

絶景ナビ 18 高嶺酒造所（たかみねしゅぞうしょ）
MAP P.29 B-1 ☎0980-88-2201
川平湾周辺

1949年に創業した泡盛の製造所。商品の購入や古酒のボトルキープのほか、製造工程を見ることもできる。
所石垣市川平930-2 時9：00～17：00 休日曜 料見学無料 交新石垣空港から約25km Pあり

絶景ナビ 17 白保海岸（しらほかいがん）
MAP P.28 D-3 ☎0980-82-1535
（石垣市観光文化課）
白保

白保集落からほど近く、約10kmにわたる天然ビーチ。希少なアオサンゴの大群落が広がる遠浅の海が美しい。
所石垣市白保 時見学自由 交新石垣空港から約5km Pなし

絶景ナビ 20 唐人墓（とうじんばか）
MAP P.29 B-3 ☎0980-83-8439
（石垣市シルバー人材センター）
石垣島西部

1852年のロバート・バウン号事件で犠牲になった中国人を祀る。極彩色の彫刻が美しい。
所石垣市新川富崎 時見学自由 交新石垣空港から約20km Pあり

絶景ナビ 19 宮良殿内（みやらどぅんち）
MAP P.30 D-2 ☎0980-83-5498
ユーグレナモール周辺

文政2年（1819）年に八重山の頭職の住宅として建てられた建造物。1972年に国の重要文化財に指定された。
所石垣市大川178 時9：00～17：00 休火曜 料200円 交ユーグレナ石垣港離島ターミナルから約1.5km Pなし

GOURMET GUIDE

石垣島で
食べる

八重山そば ▶P.54

島スイーツ ▶P.56

オープンエアカフェ ▶P.58

島食堂 ▶P.60

ゆんたく居酒屋 ▶P.62

石垣牛 ▶P.64

八重山そば

八重山諸島の名物グルメ、八重山そばの名店は、地元の常連客が多くローカルな雰囲気が魅力。それぞれ丁寧に仕込んだ店自慢のスープの違いも楽しみたい。

民家でいただく
絶品の八重山そば

住宅街の一角にあり、小上がり席でくつろげる。豚骨やカツオがベースのクリアであっさりとしたスープにコシのある丸麺が特徴の八重山そばは、大、中、小の3サイズ。ピパーツの新芽を使ったジューシーも絶品。

（くなつゆ）

石垣市街地エリア

MAP **P.30 D-2** ☎**0980-82-7646**

所 石垣市石垣203
時 10:00〜14:00
休 水・木・日曜
交 ユーグレナ石垣港
離島ターミナルから約
1.5km P あり

八重山そばセット
750円
八重山そば(中)とジューシーまたは赤米のセット。漬物付き

石垣島 [八重山そば]

川平湾周辺
川平公園茶屋 (かびらこうえんちゃや)

MAP P.29 B-1

☎0980-88-2210

所石垣市川平934-37
時10：00〜16：00 休木曜 交新石垣空港から約25km Pあり

P.39

ごーやーちゃんぷるー900円は定食で

八重山そば
700円

かまぼこが石垣島の形をしており、味だけでなく見た目も楽しめる

これもオススメ！

石垣市街地エリア
平良商店 (たいらしょうてん)

MAP P.30 D-3

☎0980-87-0890

所石垣市登野城506 時11：30〜14：00 休土・日曜 交ユーグレナ石垣港離島ターミナルから約1.2km Pあり

これもオススメ！

八重山そば
650円

鶏、豚、カツオ、昆布でダシをとったスープと自家製のソーキが自慢

石垣市街地エリア
キミ食堂 (きみしょくどう)

MAP P.30 E-2

☎0980-82-7897

所石垣市登野城319-6 時8：00〜売り切れ次第終了 休木曜 交ユーグレナ石垣港離島ターミナルから約2km Pあり

みそそば
700円

たっぷりのレタスともやし、豚肉、かまぼこが入りボリューミー

川平湾のすぐそばの有名店

川平湾の展望台近くにある、昭和38年創業の老舗そば店。人気の八重山そばやソーキそばといったご当地メニューのほか、ポークたまごやチャーハン、かき氷など種類も充実している。島トウガラシは自家製。

八重山そば選手権で第1位

八重山そばは鶏、豚、カツオ、昆布でとった雑味のないクリアなスープと、自家製のソーキが絶品。牛そば1100円や味噌野菜そば900円、定食など メニュー豊富で、地元民の客足は途絶えることがない。

ひと味違うみそそばが名物

常連客の多い、昔ながらの食堂。看板メニューは自家製みそのスープが特徴の「みそそば」。八重山そばの麺に、あっさりとしつつもコクのあるスープが絡む。ひと味違う味わいを楽しんで。チャンプルーもおすすめ。

ちょい足し調味料

▶ **ピパーツ**
ピィヤーシとも呼ばれる島コショウは、八重山諸島独特のもの。

▶ **コーレーグース**
島トウガラシを泡盛に漬けたもの。スープに混ぜる。

八重山そばとは

▶ **ストレート麺**
小麦粉、かんすい、塩で作るストレート麺。丸麺と平麺がある。

▶ **豚骨ベースのスープ**
カツオのほか、豚骨や鶏を使うのが主流。ほんのりと甘みがある。

▶ **具は豚肉とかまぼこ**
豚の三枚肉を細切りにしたものが特徴。かまぼこも添える。

島スイーツ

名物のワケ

沖縄県独特の「氷ぜんざい」や島名産の南国フルーツ、見た目もカラフルなデザートなど、石垣ならではのスイーツはカフェや専門店で楽しもう。

今川焼
120円
ほんのりと甘い生地の中には求肥とあんこが入っている

ぜんざい

さとうきびぜんざい
500円
きな粉とサトウキビパウダーがかかった甘さ控えめのかき氷

さらさらかき氷の下に小豆や金時豆が！

沖縄ぜんざいでほっこり

ふわふわの特製氷を使ったぜんざいは、季節ごとに数種類から選べる。さらさらのかき氷の下には甘く煮詰めた小豆と金時豆、白玉が入り、素朴な味わい。生地にサトウキビを練り込んだ今川焼は冬季限定。

石垣島冷菓 (いしがきじまれいか) ユーグレナモール周辺
MAP P.30 D-2
☎0980-88-6077
所石垣市大川305 時12:00～17:00(10～5月は12:00～16:00)休日曜、不定休 交ユーグレナ石垣港離島ターミナルから徒歩約10分 Pあり

小さなテーブルやイスが並ぶかわいい店内

グアバ農園が営むフルーツジュース店

グアバをはじめ、マンゴーやパイナップル、パッションフルーツなどの南国の果物を使ったジュース、シェイブアイス、スムージーが人気の店。おみやげ用のフルーツシロップなどもあり、ドライブ途中におすすめ。

トロピカルミックスジュース
770円～
パイナップル、グァバ、マンゴーの3種類。カラフルな3層の見た目も◎

グアバシェイブアイス
770円
自家栽培の濃厚なグァバソースがたっぷりかかった特製かき氷

フルーツ

店の裏にはオープンエアのテーブル席も

光楽園 (ひかりらくえん) 石垣島中央部
MAP P.29 C-2
☎0980-88-8731
所石垣市平得1535-16 時10:00～16:00 休不定休 交新石垣空港から約8km Pあり

▶P.71

ジェラート

石垣島 [島スイーツ]

カカオと塩がテーマのおしゃれなカフェ

人気のジェラートをはじめ、スムージーや有機チョコレートを使用したチョコレートドリンクなどもラインナップ。おみやげにもぴったりな石垣島の生き物をモチーフにした雑貨も販売している。

選べる2種類の
ジェラート
880円〜
チョコレートやマンゴーなど全8種。ほか1種715円、3種1045円

CACAO & Salty MARKET ISHIGAKI
カカオ　アンド　ソルティ　マーケット　イシガキ

MAP P.30 D-2　ユーグレナモール周辺
☎0980-82-2206

所石垣市大川249-1 時11:00〜20:00（カフェは〜19:00）休不定休 交ユーグレナ石垣島離島ターミナルから徒歩約3分 Pあり

八重山諸島の塩や黒糖、厳選されたカカオを使ったおみやげを販売

遊び心のあるカフェスペース。Free Wi-Fiも完備

サーターアンダギー

サクサクの揚げたてが食べられる人気店

店主の東恩納さんが朝から店内で手作りするサーターアンダギーは、プレーンのほか紅イモや黒糖、バナナなど5〜6種ほどが並ぶ。全種類の味がそろうお昼ごろが狙い目。

サーターアンダギー
各100円
蒸した紅イモをそのまま練り込むなど丁寧に手作りされている

さよこの店 みせ
ユーグレナモール周辺

MAP P.30 D-2
☎0980-83-6088

所石垣市登野城170 時10:00〜売り切れ次第閉店 休日曜、不定休 交ユーグレナ石垣港離島ターミナルから徒歩約9分 Pあり

南国フルーツをチェック

▶マンゴー
旬：6〜8月
アップルマンゴーという品種が主流。最も美味しい時期は夏場

▶パイナップル
旬：4月下旬〜8月
スナックパインやピーチパインなど石垣島産の中でも数種類ある

▶グァバ
旬：5〜9月
そのまま食べるほか、ジャムやジュースにしても美味

▶パッションフルーツ
旬：4〜9月
甘酸っぱいゼリー状の果肉と種を一緒に。種はプチプチの食感

▶ドラゴンフルーツ
旬：7〜11月
果肉が赤いものと白いものがある。小さい種も一緒にいただく

オープンエアカフェ

名物のワケ

ドライブの途中に立ち寄りたいのは、石垣島の美しい海を眺めながらのんびりできる開放的なカフェ。島の素材を味わえるランチ・カフェメニューとともに。

海を望む
高台カフェに憩う

玉取崎展望台のそばにある絶景カフェ。島豆腐や島魚を味わえるランチメニューのほかスイーツもあり、昼食にもティータイムにもおすすめ。紅茶は種類豊富にそろい、スイーツとセットでお代わり自由になるのがうれしい。

エメラルドブルーの海を見下ろす!

店内席のほか、オープンエアのテラス席を選ぶことができる

店内からは、石垣島北部ならではの自然豊かな海絶景を楽しめる

沖縄県産あぐーの
コトレッタ
2500円
沖縄県産のあぐー豚のカツレツ。バルサミコ&ケッカソースをかけた一品

石垣牛のタリアータ
3500円
丁寧に仕込んだ石垣牛のスネ肉を使用。弾力ある赤身は食べ応え抜群

石垣島北部

シーフォレスト

MAP P.28 D-1
☎090-6866-7224

所石垣市伊原間2-736 時11:00～14:00(7、8月は営業時間変更の可能性あり)
休土曜 交新石垣空港から約15km Pあり

タコライス
1100円
オリジナルのピリ辛ソースとマヨネーズがたっぷり。スープ付き

カフェは赤瓦のコテージに併設

川平湾周辺

ALOALO CAFE
アロ アロ カフェ

MAP P.29 B-1 ☎0980-87-0610

所石垣市川平1215-228 時11:00〜17:00 休不定休 交新石垣空港から約18km Pあり

石垣島 ［オープンエアカフェ］

高台テラスで
のんびり島時間

川平湾近くのロケーション抜群カフェ。エメラルドグリーンの海を一望できる東屋席が人気で、石垣牛のカレーやバターチキンカレーなど厳選食材を使用したカラードが絶品。

オーシャンビューな
島野菜カフェ

市街地エリアからもほど近い、海辺にある一軒家カフェ。海を眺めつつランチからディナーまで楽しめ、島豆腐や島野菜を使ったヘルシーなメニューがそろう。沖縄独特の季節の野菜が味わえるバーニャカウダはぜひ。

クーラーの効いた店内
席はインテリアもおしゃ
れでくつろげる空間

REHELLOW BEACH
リハロウ   ビーチ

石垣市街地エリア

MAP P.30 F-3 ☎0980-87-0865

所石垣市真栄里192-2 時ランチ10:00〜16:30、ディナー16:30〜20:00 休不定休 交新石垣空港から約13km Pあり

バーニャカウダ
1650円
本州では珍しい濃厚な味わいの島野菜をふんだんに味わえる

周辺はホテルも多く、海に面したリゾートエリアとなっている

創作料理

名物のワケ

ほっこりと和めるアットホームな空間のなかで、地元ならではの料理を味わえる。そんなカジュアルなローカル食堂は、朝食やランチにぴったり。

おかずが選べる
贅沢ランチ

白保集落にあり、ふわふわのだし巻き卵が名物の店。朝食、ランチともに「ばんちゃん御膳」を提供。メインは3種類から2つを選ぶスタイルで、地元の野菜を使った小鉢3品、黒紫米のご飯、もずくの汁物、デザートが付く。

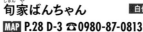

**ばんちゃん
御膳
2500円**

だし巻き卵、軟骨ソーキの煮込みや島魚のマース煮など、メイン2品を選ぶ定食スタイル

旬家ばんちゃん（しゅんや ばんちゃん）

白保

MAP P.28 D-3 ☎0980-87-0813

所石垣市白保13-1 時8:30〜13:30 休水・木曜 交新石垣空港から約5km Pあり ▶P.71

緑のなかに佇むこぢんまりとした店。予約必須

石垣島 [島食堂]

石垣産
エビフライ定食
2000円
地元で採れた車エビを
使用。頭からしっぽまで
おいしく食べられる

定食

石垣では赤瓦屋根の家のことを「かーらやー」という

石垣島北部
かーら家食堂（やしょくどう）
MAP P.28 E-2
☎0980-89-2886
所石垣市伊原間231-2 時11:30
〜14:00（売り切れ次第閉店）
休木・金曜、週1回不定休 交
新石垣空港から約21km Pあり

店内は風通しがよく、どこか懐かしい雰囲気

古民家で味わう島素材を使った定食

伝統的な八重山古民家造りの食堂。八重山そばを中心に、トンカツ定食やカレーなど県産の食材を使った料理が楽しめる。

牛そば
700円
絶品のスープには、半年かけて作る自家製の宮古みそを使用

"牛汁"が名物のローカル食堂

昭和54年創業、現在2代目が営む老舗食堂。ヤギ汁の店としてスタートしたが、常連客のリクエストで作った牛汁が今や店の看板メニューに。牛は月に一度のセリで一頭買いできるので、リーズナブルに提供できる。

牛汁

いっきゅうしょくどう　石垣島西部
一休食堂
MAP P.29 B-3
☎0980-82-1803

所石垣市石垣716-1 時11:00
〜17:00（売り切れ次第閉店）
休月・火曜 交新石垣空港から約14km Pあり

石垣島発祥の「オニササ」って??

おにぎりとササミフライを合体させた沖縄のソウルフード「オニササ」は知念商会が元祖といわれる。

知念商会　石垣市街地エリア
MAP P.30 E-2
☎0980-82-9664
所石垣市登野城1249-18
時7:00〜19:00 休無休
交ユーグレナ石垣港離島ターミナルから約1.5km Pあり

夫婦で営むアットホームな
雰囲気もこの店の魅力

ゆんたく居酒屋

夜は地元の鮮魚や島野菜など、石垣島ならではの料理を味わえる居酒屋へ。中心部のユーグレナモール周辺には民謡ライブを行う店もあり、選択肢は多彩。

郷土料理

石垣ならではの食材をふんだんに使う郷土料理

沖縄料理だけでなく、石垣島や宮古島独特の食材を使った郷土料理が味わえるとして有名な店。店内はテーブルやついたてなど味のある木のインテリアは店主の砂川さんの手作りで、くつろげる雰囲気が魅力。

島パパイヤサラダ880円。自家製ドレッシングをかけていただく

あだん亭 石垣市街地エリア

MAP P.30 D-2

☎0980-83-5221

所 石垣市大川430 1F東
時 17:00〜21:30 休 火・水曜 交 ユーグレナ石垣港離島ターミナルから約1.5km Ｐ あり

大谷渡り 天ぷら
900円
大谷渡りはシダ植物の仲間。食感のいいやわらかい新芽をいただく

アダンの芽ちゃんぷるー
980円
アダンの新芽を使った石垣ならではの料理。タケノコのような食感

62

一魚一会
（いちぎょいちえ）

MAP P.30 D-2

☎0980-87-0926

所石垣市大川216 ピュアネスイシダ1F 時17:00〜22:00 休木曜 交ユーグレナ石垣港離島ターミナルから徒歩約5分 Pあり

新鮮な島魚がそろう街なか居酒屋

飲食店がひしめく石垣市中心部のなかでも人気の一軒。まるで漁師小屋のような趣のある木造の建物で、地元漁船「しおさい丸」から直送する石垣島近海の新鮮な魚介を味わえる。テーブル席のほかカウンターや座敷も。

石垣島 [ゆんたく居酒屋]

時間帯によっては民謡ライブを見られることも!

島魚

マース煮
1080円〜
仕入れによって選べる近海魚。塩と泡盛だけで煮込んだマース煮で

島魚の三点盛り
1480円
その日の仕入れによって異なる旬の島魚3種を盛り合わせた一品

よるど〜屋
（や）

MAP P.31 C-2

☎0980-88-6010

所石垣市美崎町10-2センタービル1F 時18:00〜24:00 休水曜 交ユーグレナ石垣港離島ターミナルから徒歩約5分 Pなし

飛び入りもOKの沖縄民謡で盛り上がる

モットーは沖縄の言葉で「イチャリバチョーデー(一度会えば皆兄弟)」。店内にステージがあり、三線の生演奏を聴きながら食事やお酒を楽しめる。民謡から歌謡曲まで、お客さんのリクエストにも応えてくれる。

エーグワーのマース煮
1200円
酒と塩で白身魚のエーグワの旨みを最大限に引き出した人気商品

ライブは毎日やっており、お客さんも一緒に楽しめる

民謡酒場

石垣牛（いしがきぎゅう）

石垣島は温暖な気候や雄大な自然、豊かな水など、和牛の育成に適した土地。ほかの肉に比べて脂身が多すぎず、甘みのある風味豊かな味が人気の秘訣。

自社ブランド牛にこだわりアリ

平成20年に設立された石垣市内の自社牧場で、美味しさの遺伝子を引き継ぐ雌牛だけを選抜する。大麦主体のエサでじっくりと育てた石垣産の和牛を味わえると評判の店。

焼肉

石垣市街地エリア

石垣島きたうち牧場 浜崎本店（いしがきじまきたうちぼくじょうはまさきほんてん）

MAP P.31 C-2

☎0980-83-7000

所 石垣市浜崎町2-3-24
時 ランチ11：30〜14：00、ディナー16：30〜21：30
休 水曜 交 ユーグレナ石垣港離島ターミナルから徒歩約5分 P なし

総席数120席。貸し切りにも対応している(50人〜)

八重山郷里牛 特上盛り

1万780円（2〜4人向け）

特上ステーキ、特上カルビなど最高級の味が楽しめるひと品

ココが絶品！

▶ プレミアムビーフ使用

じっくり育てた雌牛は、ホロっとした脂の滑らかさと、赤身肉の深い味わいが楽しめる

▶ 炭火で焼き上げる

炭火が肉の旨みを閉じ込めることで、表面はパリッと、中身はジューシーに

石垣島
[石垣牛]

ステーキ

MAP P.30 D-2

こんなコース

▶ サラダ
スターフルーツやゴーヤーが入ったサラダ

▶ スープ
やさしい味わいが特徴のにんじんスープ
※パンまたはライス付き

ランチでもディナーでも贅沢に石垣牛を堪能できる

1984年創業の老舗ステーキ店。当時石垣牛をメニューに取り入れた先駆け的存在で、観光客だけでなく地元客からも人気が高い。ワインは20種類以上とラインナップが充実しているのも魅力だ。

パポイヤ
MAP P.30 D-2 ユーグレナモール周辺
☎0980-83-3706
所石垣市大川258 レオビル8F 時ランチ11:30～12:00、ディナー17:00～19:00 休日曜、不定休 交ユーグレナ石垣港離島ターミナルから徒歩約5分 Pなし

特上テンダーロインと特上サーロインのハーフ＆ハーフ
9800円～（コース）
口に入れた瞬間、肉の旨みが一気に広がる。2つの部位を味わえる

石垣島の塩で味わう

[1]84年にオープンし現在は親子で経営 [2]店内からは街を一望できる [3]ステーキは鉄板にのせて熱々で提供

ダイナーズカフェの絶品石垣牛バーガー

石垣牛を100％使用したこだわりのハンバーガーを提供。手で丁寧にこねた粗挽き肉を、注文が入ってから鉄板で香ばしく焼き上げる。オープン前から行列ができる人気店。タコライスや丼ものメニューも豊富。

VANILLA・DELI（バニラ・デリ）
MAP P.30 D-2 ☎0980-83-3270
所石垣市石垣12-2 1F 時11:30～18:00（売り切れ次第閉店）休不定休 交ユーグレナ石垣港離島ターミナルから徒歩約3分 Pなし

ユーグレナモール周辺

バーガー

内装はカラフルでダイナーのような雰囲気

モザレラチーズバーガー
1940円
石垣牛パティ2枚にモッツァレラチーズ、トマトなどをサンド

旅
×物語

希少な動植物の宝庫!!

"東洋のガラパゴス"で出合う
八重山諸島の生命の奇跡

独特の気候をもつ沖縄・八重山諸島のなかでも、特に自然が豊かなのは西表島。動物・植物の観察を楽しんで。

亜熱帯気候が育んだ唯一無二の自然

八重山諸島は世界的にも珍しい亜熱帯海洋性気候に属し、温帯から熱帯までの植物が混在する。海岸付近に多いアダンや低地に植生するガジュマル、沿岸部の風衝地に生育するソテツの群落などが沖縄でよく見られる植物だが、最も特徴的なのがマングローブ林。特に西表島の仲間川や浦内川のマングローブ林は圧巻で、オヒルギやヤエヤマヒルギなど、約10種類ほどのマングローブ植物を観察できる。

特別天然記念物のイリオモテヤマネコ

八重山の大自然で珍しい生き物を探して

八重山諸島の温暖な気候と植生がつくり出す独特の環境では、本州では見られない珍しい生き物が生息している。特に、マングローブ林を干潮時に訪れるとさまざまな水辺の生き物に出合える。シオマネキやトントンミーなどが代表的で、近づくとすぐに干潟の穴の中に隠れてしまう。気配を消してそっと観察してみよう。夜行性のイリオモテヤマネコは地元の人でも滅多に見られないレアキャラだ。

マングローブが群生する西表島の仲間川

八重山の主な生き物

イリオモテヤマネコ
西表島にのみ生息する。耳が大きく黒い靴下を履いたような足が特徴。主に夜間に活動する。

シロハラクイナ
名前の通り顔からお腹にかけてが白い鳥。マングローブ林などの水辺や草地で見られる。

ヤシガニ
オオヤドカリの仲間だが宿貝はない。甲長12cm以上、体重1kg以上もあり、食用にされることも。

シオマネキ
河口の干潟にいるカニ。ベニシオマネキ、ルリマダラシオマネキなどの種類があり、大きなハサミが特徴。

トントンミー
「トントンミー」はトビハゼの方言名。マングローブ林の干潟におり、ピョンピョンとすばやく移動する。

オオゴマダラ
沖縄本島や八重山諸島に分布。羽を開くと13cmにもなる日本最大級のチョウで、ふわふわとゆっくり飛ぶ。

八重山の主な植物

アダン
海岸付近で見られる。高さ3〜5mほどで、パイナップルのような実をつける。新芽は料理に使うことも。

ヤエヤマヒルギ
八重山諸島特有のマングローブの植物。樹高は高さ10mにもなり、タコ足状の支柱根が特徴的。

サガリバナ
マングローブの後背地などの湿地に咲く。梅雨明けの時期にひと晩だけ咲いて散ってしまう幻の花。

ヒハツ
ピパーツ、ピィヤーシなど地域により呼び方が異なる島コショウ。スパイス(調味料)として使われる。

石垣の塩
780円
海水のみで作る自然100％の塩。塩味と甘みのバランスがよく、さまざまな料理に合う

石垣の塩

自然環境によって
味が異なる石垣の塩

「自分に合った塩を選んでほしい」と塩職人の東郷さん。雄大な自然が唯一無二の味を作り出す

新月の塩（右）
満月の夜の塩（左）
各1944円
満月の夜の塩は優しい塩味、新月の塩は辛めの味が特徴

🪨 製塩工房で購入！

石垣の塩 石垣島西部

MAP P.29 B-2 ☎0980-83-8711

所石垣市新川1145-57 時9：00〜18：00 休無休 交新石垣空港から約17km Pあり

「石垣の塩」の原料となっているのは、沖縄最高峰526mの於茂登岳に降った雨が全長約4・5kmの名蔵川からマングローブの森の植物成分とサンゴ礁のミネラル成分がブレンドされ、塩工房を構える名蔵湾へと流れる。

自然が生んだ水を、沖合1・5km、水深20mに配置されたパイプを通して取水。その水を蒸気の力で、低めの温度で煮詰め、人の手と目で検品をして、「石垣の塩」が完成する。

原料は海水のみという塩は、ミネラルの種類が豊富。海水の成分は人間の体液、羊水に近いとされており、現代人に不足しがちな、カルシウム、カリウム、マグネシウム、鉄、亜鉛といったミネラル分を多く含んでいるのが特徴だ。

味はまろやかな塩味と上品な甘みがあり、おにぎりから野菜まで、あらゆる食材にマッチする。製塩工房では塩を作っている工程を見学できるほか、「石垣の塩」の味くらべや、塩作り体験も行っている。

【工程】

1
炊き込み
大きな釜に海水を入れ、じっくり炊き込み塩を作っていく

2
天日干し
50〜70℃のビニールハウスで3週間から3カ月間乾燥させる

3
検査
最後に塩に異物が入っていないかを入念にチェックして完成

手しごと雑貨

石垣島のていねいな島の手しごとを探しに

石垣島にある窯元で作られた
やちむん（焼き物）や伝統の布製品など、
石垣島ならではの手作りの品がこちら。

6寸皿
8250円
中央の青の配色は商品によって異なっており、高級感が感じられる。**D**

これが、石垣ブルー

大皿
各1万円～
島の生き物を色鮮やかに描いた、力強さと可愛らしさがあふれるひと品。**B**

ほっこりと和む 島の生き物と やちむん

スープカップ
5200円
口が広く大きめのカップは、スープボウルにぴったり。**C**

マグカップ
各2500円～
アカショウビンやシロハラクイナを描いたマグカップ。**B**

使うほどに味が出る カゴ雑貨の愉しみ

月桃あんつく
2万7500円～
月桃を使って編んだ、軽やかな取っ手付きのかごバッグ。**A**

手前左：湯呑み
3500円
丸いコロンとしたフォルムがかわいい湯呑み茶碗。インテリアにも。**C**

手前右：マグカップ
4000円
内側はブルー、外は白のマグカップ。ざらざらした土の風合いがいい。**C**

月桃かご
1100円
使い勝手のよいカゴ。ほのかに月桃の香りがする。**A**

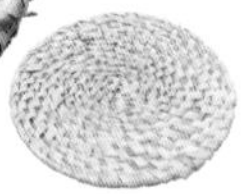

月桃コースター
715円
どのコップに組み合わせても素敵なコースター。**A**

D 石垣焼窯元（いしがきやきかまもと）
MAP P.29 B-2
☎0980-88-8722
所石垣市名蔵1356-71
時9:00～17:00 休無休 交新石垣空港から約17km P あり

石垣島西部
▶P.50

C やまばれ陶房（とうぼう）
MAP P.29 B-2
☎0980-88-2135
所石垣市川平1216-252
時10:00～17:00 休不定休 交新石垣空港から約16km P あり
前要連絡
川平湾周辺
▶P.50

B 南島焼（なんとうやき）
MAP P.29 B-2
☎090-9780-3529
所石垣市川平1218-263
時10:00～18:00 休不定休※来店前要連絡 交新石垣空港から約18km P あり

川平湾周辺
▶P.50

A やちむん館工房（かんこうぼう）
MAP P.28 D-2
☎0980-86-8960
所石垣市白保1960-15
時10:00～16:00 休水・土・日曜（第2,4土曜は営業）料入場無料 交新石垣空港から約2.1km P あり

白保

68

石垣島[買う]

エコバッグ
990円
手の形が石垣島の形にそっくりだと作られたオリジナル商品。**G**

型抜きポストカード
各250円
120円で郵送できる。オオゴマダラやイラブチャー、琉球古民家など。**F**

遊び心あるペーパークラフトにひとめぼれ♡

キャップ
各2980円
シロハラクイナの素敵な刺繍入り。色違いも豊富。**E**

ミニ巾着
550円
手のひらサイズの巾着。グラデーションのパイナップルがキュート。**G**

島モチーフな布雑貨を選ぶ

色地染め手ぬぐい
各1200円
ゴーヤーやヤギなど石垣島らしいモチーフの手ぬぐい。色柄豊富。**F**

チビ箋
350円
リュウキュウアカショウビンなど島モチーフが描かれている。**F**

シロハラクイナポーチ
2200円
石垣では道端でよく見かけられるシロハラクイナをフェルト地のポーチに。**G**

ポーチ
2200円
パイナップルのワンポイント刺繍がかわいいハンドメイドポーチ。**G**

ポチ袋
220円
南国らしいパイナップルのオリジナルデザイン。**E**

シーグラデーションコースター
各594円
さまざまな表情を見せる八重山の海をイメージ。**I**

トートバッグ
1万4300円
八重山藍の青と、フクギの橙を組み合わせたカジュアルなバッグ。**H**

島伝統の手織物

手作りがうれしい

藍染めを持ち歩く

タウントート
1万780円
驚くほど軽く丈夫な作りの手織綿のバッグ。ミンサー絣の柄が特徴。**I**

結ふくろ
各1925円
コロンとしたシルエットがかわいいミニ巾着。**I**

リネンストール
9900円
石垣島の藍農園で育て、染めた布を店内で加工して作る。**H**

I みんさー工芸館 こうげいかん	**H shimaai** シマアイ	**G SEA COLOR** シー カラー	**F さんぴん工房** こうぼう	**E サンゴツリー**
MAP P.30 E-2	**MAP** P.30 D-2	**MAP** P.30 D-2	**MAP** P.30 D-2	**MAP** P.30 D-2
☎0980-82-3473	☎0980-87-5580	☎0980-87-5344	☎0980-83-1699	☎0980-88-6374
所石垣市登野城909 時9:00～18:00（工房は土・日曜休）休無休 交ユーグレナ石垣港離島ターミナルから約2km Ｐあり	所石垣市大川205 時14:00～19:00 休不定休（事前の来店予約希望）交ユーグレナ石垣港離島ターミナルから徒歩約5分 Ｐなし	所石垣市大川211 時11:00～19:00 休不定休 交ユーグレナ石垣港離島ターミナルから徒歩約5分 Ｐなし	所石垣市大川203-1 時11:00～18:00 休無休 交ユーグレナ石垣港離島ターミナルから徒歩約5分 Ｐなし	所石垣市大川206 109ビル 時10:00～19:00 休無休 交ユーグレナ石垣港離島ターミナルから徒歩約5分 Ｐなし

石垣市街地エリア

ユーグレナモール周辺

ユーグレナモール周辺

ユーグレナモール周辺

ユーグレナモール周辺

▶P.104

光楽園オリジナルナッツ
各580円
5種類のナッツに、波照間産の黒糖や石垣の塩などを絡めたもの。**D**

グローサリー

パケ買い上等！な

波照間島 黒蜜
900円
サトウキビの名産地、波照間産の黒糖蜜。バニラアイスにかけて。**E**

庭のハーブティー 月桃茶
739円
沖縄ならではの植物、月桃（げっとう）。ポリフェノールが豊富。**B**

庭のハーブティー グァバ茶
739円
ウシオデザインプロジェクトのパッケージ。トロピカルな風味。**B**

石垣島ハイビール
500円
泡盛「白百合」とビールを混ぜたアルコール10度のカクテル。**B**

島生まれの味

石垣島
島の恵みがぎゅっと詰まった島グルメ

石垣島の南国フルーツやハーブ、地元ならではの調味料など、島の味を自宅でも味わえるグルメみやげがコチラ。

黒糖
各205円
小浜島、波照間島、西表島、与那国島など八重山の黒糖を食べくらべ。**A**

産地で選ぶ
島の調味料

石垣の塩
680円
石垣島西部の工房（→P.67）で作られる。海水のみで作られた天然塩。**B**

ヒバーチ
540円
ロングペッパー。八重山そばやちゃんぷるーの味付けに使う定番の調味料。**C**

島ハリッサ
594円
トウガラシや島のハーブ、石垣の塩などを混ぜたスパイシーな調味料。**C**

C 石垣島 海のもの山のもの
MAP P.28 D-2 ☎0980-86-7757
所 石垣市字桃里165-413 時 9:00〜17:00 休 日曜、不定休 交 新石垣空港から約8.5km P あり

石垣島北部

B 石垣市特産品販売センター
MAP P.30 D-2 ☎0980-88-8633
所 石垣市大川208 石垣市公設市場2F 時 10:00〜19:00 休 無休 交 ユーグレナ石垣港離島ターミナルから徒歩5分 P あり

ユーグレナモール周辺

A ファーマーズマーケットやえやま
ゆらてぃく市場
MAP P.31 C-2 ☎0980-88-5300
所 石垣市新栄町1-2 時 9:00〜18:00 休 無休（9〜2月は第3火曜※変動あり）交 ユーグレナ石垣港離島ターミナルから徒歩約10分 P あり

石垣市街地エリア

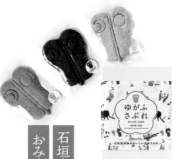

南国生まれのフルーツがうれしい

グァバシロップ
1058円
自家農園のグァバを使用。ヨーグルトやかき氷、パンケーキなどに。**D**

**パッションフルーツ
ドリンク**
1760円
パッションフルーツ本来の甘酸っぱい味と香りが特徴の看板商品。水で薄めて飲む。**F**

石垣島限定のおみやげお菓子

ゆがふさぶれ
6枚入り1520円
石垣島の白保産の3種類の無農薬玄米を使った素朴な味。
旬家ばんちゃん ▶P.60

パインジャム
580円
石垣島胡椒園の商品。添加物不使用の自然な甘さが特徴。**A**

**パッションフルーツ
ジャム**
778円
完熟果実とグラニュー糖だけを使用。マンゴージャムもあり。**F**

星のちんすこう
648円
純製ラード、きび砂糖、石垣の塩など厳選された素材を使用。**D**

島プリン ふわとろ
600円
搾りたてミルクを使った、なめらかな味わい。**E**

島プリン 紅いも
500円
沖縄産の紅イモの風味と素朴な甘さが魅力。**E**

島プリン プレミアム
680円
1日20個限定の濃厚プリン！ほどよくかためでクリーミー。**E**

香る！ハーブ&花グルメ

ローズジャム
1296円
1日で最もバラが香る時間に摘み取った、石垣島の有機古代バラを100%使用。**A**

グァバ、レモングラス、月桃、モリンガ、バタフライピー&レモングラスの5種。**D**

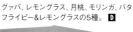

石垣島オリジナルハーブティー
各360円

F 川平ファーム（かびら）
MAP P.29 B-1 ☎0980-88-2475
所石垣市川平1291
-63 時10:00～18:
00 休不定休 交新
石垣空港から約23
km Ｐあり
川平湾周辺

E 石垣島プリン本舗（いしがきじま ほんぽ）
MAP P.30 D-2 ☎0980-87-5741
所石垣市美崎町3
時10:00～19:00
（なくなり次第終了）
休不定休 交ユーグ
レナ石垣港離島ターミナルから徒歩
約3分 Ｐなし
ユーグレナモール周辺

D 光楽園（ひかりらくえん）
MAP P.29 C-2 ☎0980-88-8731
所石垣市平得1535-
16 時10:00～19:00
（なくなり次第終了）
休不定休 交新石
垣空港から約8km
Ｐあり ▶P.56
石垣島中央部

南風に包まれるトロピカルなホテルへ

石垣島リゾートステイ案内

フサキビーチに沿って造られたプール。
ビーチベッドでカクテルを

島の穏やかな海に癒やされ
心も体も解放される
ラグジュアリーリゾートへ

石垣島での滞在スタイルは、海沿いに佇むリゾートホテルや街なかのカジュアルホテルなど選択肢が多彩。アクセス抜群の市街地も便利だが、やはり南国ならではのビーチリゾートは外せない。石垣島のリゾートホテルはビーチにプール、レストラン、スパ、豊富なマリンプログラムなど設備やサービスが充実しているため、2泊以上でのんびりと過ごすのが理想的だ。夕日の美しい石垣島西部、市街地に近い南部、手付かずの自

ホテルのマリンプログラムで海絶景を堪能しよう

1 約1㎞にわたる広大な敷地 **2** 夕日が美しいフサキビーチ。パラソルが並ぶ遊泳エリアは通年利用できる **3** 客室は30㎡以上。写真はフォレストスイート ヴィラ **4** 琉球の文化をイノベーティブに一つのコースで表現するHANARÉ(はなれ)

石垣島 [リゾートホテル]

穏やかな西海岸を望む 進化中の極上リゾート

市街地から車で約15分、西海岸に位置する一大リゾートホテル。南国植物あふれる敷地内には赤瓦屋根のヴィラが点在し、石垣島最大級のプールエリアやカラフルな熱帯魚が訪れる天然ビーチ、世界中の多種多様な料理を楽しめるブッフェや、厳選食材の琉球料理、サンセットBBQ(季節営業)など、味にもこだわった食体験が充実。空間にもこだわった旅を彩る思い出に残る食体験が充実。

Fusaki Beach Resort Hotel & Villas

然が残る北部など、それぞれに趣の異なるロケーションでセレクトするのもいい。

hotel data

フサキビーチリゾート ホテル&ヴィラズ

MAP P.29 B-3　石垣島西部

☎0980-88-7000

所石垣市新川1625　交新石垣空港から約19㎞　Pあり(宿泊者は無料)

IN 15:00　**OUT** 11:00

●料金／朝食付き1万4350円〜(2名1室)
●客室数／398
●プール／屋外2・屋内1
●レストラン・バー／7(季節営業含む)
●ショップ／2
●スパ／1

ANA InterContinental Ishigaki Resort

1 幻想的なサンセットプール 2 青い海が望めるベイルーム 3 塩がコンセプトのフィッシュ＆ミートビストロ「SAL TIDA」

市街地エリアからも近いビーチリゾート

hotel data
エーエヌエー
ANA 　石垣島南部
インターコンチネンタル石垣リゾート
いし　がき

MAP P.29 C-3
☎0980-88-7111

所石垣市真栄里354-1 交新石垣空港から約12km Pあり

IN 15:00 **OUT** 11:00
●料金／朝食付き2万円〜
●客室数／458
●プール／屋外3・屋内1
●レストラン・カフェ／7
●ショップ／4 ●スパ／1

31haの広大な敷地に新棟が加わり、島内最大の広さを誇るラグジュアリーリゾート。全458室の客室に7つのレストランやカフェ、屋外プール、多彩なマリンアクティビティなど、大型ホテルならではの充実の施設・サービスが用意されている。ハネムーンにもおすすめ。

Seven Colors Ishigakijima

1 海を見渡すオーシャンビューの絶景展望デッキ 2 全室に展望バスルームを備えた客室。コンドミニアムタイプもある 3 空港からは車で約30分

石垣島最北端にある海と夕日と星空のリゾート

hotel data
セブンカラーズ石垣島
いしがきじま

MAP P.28 F-1　石垣島北部
☎0980-84-5107

所石垣市平久保226-523 交新石垣空港から約28km Pあり

IN 15:00 **OUT** 10:00
●料金／朝食付き1万9000円
●客室数／7
●プール／0
●レストラン・バー／1
●ショップ／0 ●スパ／0

石垣島の最北端エリア、平久保にある秘境のビーチリゾート。1日7組限定で、プライベート感あふれる空間でくつろぐことができる。昼はビーチサイドでのんびり、夜は新鮮な魚介や島野菜、ハーブ、フルーツなど、石垣島の素材を使用した和食（琉球会席）のディナーを楽しもう。

AREA GUIDE

石垣島（いしがきじま）から船で行ける

八重山（やえやま）諸島（しょとう）

┃石垣島からのアクセス

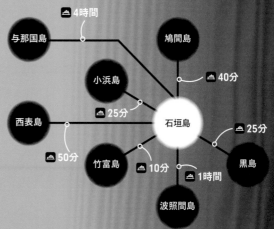

与那国島 ──🚢4時間── 鳩間島

小浜島 🚢40分

西表島 🚢25分 石垣島 🚢25分

🚢50分 🚢10分 黒島

竹富島 🚢1時間

波照間島

竹富島
（たけとみじま）

水牛車での
集落散歩は
マストな体験

伝統家屋の集落を訪れる

石垣島から最も近い離島、竹富島はフェリーでわずか10〜15分。周囲約9.2kmのサンゴ礁が隆起してできた小さな島で、中心にある集落は、白いサンゴの砂が敷き詰められた小道に赤瓦屋根の家々が並び、沖縄らしいのどかな町並みが魅力だ。

竹富島周辺は石西礁湖と呼ばれる国内最大規模のサンゴ礁に囲まれ、浅瀬の海が美しい。島の西側には海水浴ができるビーチもあり、集落に伝わる古き良き文化と美しい自然の両方を体感できる。

 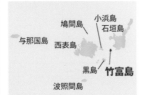

外周約9.2kmの離島をぐるり

【上手に巡るヒント！】

フェリー

石垣島 → 竹富島

10〜15分

鳩間島　小浜島／石垣島
与那国島　西表島
黒島　**竹富島**
波照間島

2 自転車やバスも活用

レンタカーはないので、レンタサイクルまたは乗り合いバスを利用する。レンタサイクルは集落からビーチがある西海岸側にアクセスするのに便利な手段。初乗り590円のタクシーも。

1 集落内は徒歩で

「がんじゅ道」と呼ばれる環状道路に囲まれた集落は、西端から東端まで歩いても10分ほど。島の住民が生活する民家、カフェなどが点在し、のどかな町並みを楽しみながら回るなら徒歩がおすすめ。

【交通案内】

乗り合いバス

竹富島交通が船便に合わせて小型の巡回バスを運行。港から集落までは片道300円、1時間に2本。港以外からの乗車は予約が必要。

レンタサイクル竹富
☎0980-84-5988

竹富島交通（乗り合いバス）
☎0980-85-2154

友利観光（タクシー）
☎0980-85-2335

レンタサイクル

レンタサイクル店は集落内に数カ所。料金の目安は1日500円、1日2000円。竹富港からレンタサイクル店までは無料送迎もある。

※竹富島では地域自然資産法に基づき入島料300円を任意で徴収あり

集落から少し離れた静かに憩えるリゾートエリア

1 星のや竹富島
（ほしのやたけとみじま）

BEST 📷 絶景

島の東部にある竹富島を代表するラグジュアリーホテル。敷地内には赤瓦屋根の客室が並び、竹富島の集落を忠実に踏襲している。

水牛車に乗るならここで！美しい町並みが残される島の中心部

2 集落
（しゅうらく）

BEST 📷 絶景

島の中心部にあり、伝統的な民家が並ぶ島の人々の生活エリア。西集落、東集落、仲筋集落に分かれており、水牛車で集落内を周遊できる。

コーラルサンドの砂浜が続き夕日スポットでもある

3 西海岸
（にしかいがん）

BEST 📷 絶景

コンドイ浜、カイジ浜など遠浅のビーチがあり、海水浴場として人気のエリア。集落からはレンタサイクルで訪れるのが便利。

竹富島

広域図▶ P.7
N
0　250　500m

A　**B**

1

北岬

ミサシ御嶽

てぇどぅんかりゆし館
竹富島ゆがふ館
竹富港

安栄観光
八重山観光フェリー

喜宝院蒐集館
世持御嶽
P.83 西桟橋
竹富民芸館
西塘御嶽
〒
竹富小中
下図へ

竹富町
竹富

環状線（かんじゅ道）

P.82 コンドイ浜
コンドイ岬
レンタサイクル竹富
ちろりん村
YAARAA café
大人の隠れ家

P.83 五香屋
P.84 星のや竹富島

キトッチ浜

P.83 カイジ浜

竹富島

東岬

アイヤル浜

2

竹富組合牧場

星砂海岸

養殖池

集落

広域図▶ 上図
N
0　100m

3

ホテルピースアイランド
竹富島

P.82 そば処 竹の子
喜宝院蒐集館
新田観光
竹富民芸館
パーラーばいぬ島

やど家
たけのこ

のはら荘

HaaYa
nagomi-cafe
なごみの塔

竹富島ぱーら一願寿屋
マキ荘
民宿大浜荘

安里屋クヤマ生誕の家
西塘御嶽
（ニシトウオン）
高那旅館

竹富
〒郵便局

竹富観光センター P.81

小浜荘
ひまわりレンタサイクル
竹富ゲストハウス&ジュテーム

丸八レンタサイクル
竹富小中
旧与那国家住宅
ファットバイクレンタル竹富島
友利観光

竹富島

竹富町
竹富

仲筋井戸
竹富島交通

A

レンタサイクル で
おすすめ半日プラン

9:00 竹富観光センターから
スタート

9:20 竹富観光センターの
水牛車で集落を一周

10:00 自転車で西桟橋へ

10:20 コンドイ浜で海水浴

11:00 お隣のビーチ、
カイジ浜も

12:00 そば処 竹の子で
八重山そばランチ

竹富島

77

のどかな島の暮らしを彩る

水牛車とブーゲンビリア

ゆっくりとした
時間が流れる
島民の生活エリア

白砂の道は毎朝、
島民によってホウ
キで掃き清められ
ている

絶景
ナビ

1 竹富島の集落

集落

たけ とみ じま   しゅう らく

MAP P.77 A-1

島の中心にある小さな集落内に、赤瓦屋根の
伝統家屋が点在。琉球石灰岩の石垣とサンゴ
の白砂が敷き詰められた小道が美しく、のん
びりと水牛車で一周するのがおすすめ。

info 竹富島のシーサーは
同じ方向を向いている!?

竹富島の赤瓦の民家は南向きに建
てられているものが多いので、瓦
屋根の上から入り口を守る魔除け
のシーサーも南を向いている。

赤瓦屋根の小さな集落に
沖縄の原風景を見る

竹富島

1 グックと呼ばれる琉球石灰岩の石垣。漆喰などで固定せず、石を積み上げることで造られている **2** ブーゲンビリアやハイビスカス、フウリンブッソウゲなど南国ならではの植物が **3** 集落内にあるHaaYanagomi-cafeでランチ。タコライス1100円 **4** 島コショウのピィヤーシ（ピパーツ）は竹富島の名産 **5** そば処 竹の子でひと休み

集落を彩る
南国独特の
カラフルな植物

うちな〜時間が流れるのどかな景色を眺める

八重山民謡に耳を傾け
水牛車で集落巡りを

ガイド付きの水牛車で周遊

竹富島の伝統的な町並みを水牛車に乗ってゆっくりと眺められるのが、水牛車観光の魅力。集落内で水牛車を催行するのは、竹富観光センターのみ。地元のガイドさんが同乗し、約25分間で見どころを回りながら竹富島の文化を紹介するほか、三線を奏でながら八重山に伝わる民謡「安里屋ユンタ」を披露してくれる。

水牛車観光は予約は不可で、店頭での当日受付のみ。港からバスで無料送迎がある。レンタサイクルもあり、水牛車観光のあとに自転車で島を巡ってみるのもいいだろう。

コースはこちら

竹富観光センター
MAP P.77 A-3 ☎0980-85-2998
ブーゲンビリアの小道が見どころ。レンタサイクルあり。
所竹富町竹富441 時9:00〜16:30（水牛車散策は9:00〜15:30）休荒天時 料3000円 交竹富港から約1.2km（無料送迎あり）

安里屋ユンタとは？

琉球王国時代、王府の役人が絶世の美女・安里屋クヤマに一目惚れし、求婚するやりとりを人情味豊かな歌詞で表現した八重山民謡。

水牛車の車内に歌詞が書かれている

竹富集落MAP

西のスンマシャー
そば処 竹の子
WC
竹富民芸館
東集落（アイノタ）
竹富港へ
西桟橋へ
HaaYa nagomi-cafe
ブーゲンビリアの小道
なごみの塔
東のスンマシャー
安里屋クヤマ生誕の家・
西集落（インノタ）
スタート
竹富観光センター
丸八レンタサイクル
旧与那国家住宅・
WC

2 コンドイ浜

西海岸

MAP P.77 A-2

コーラルサンドの白い砂浜に、透明度抜群の遠浅の海で、海水浴に人気。波が穏やかなので家族連れでも安心して楽しめる。島の西側に位置し、水平線に夕日が沈むサンセットスポットでもある。

所竹富町竹富 時見学自由 交竹富港から約3km

干潮時には干潟が現れる遠浅の海！

info ビーチの設備をチェック

更衣室やトイレは無料で利用できる。シャワーも無料。ビーチパラソルなどをレンタルできる売店は夏期のみ営業。

info 竹富産の「ピィヤーシ」を使用

八重山諸島特産の島コショウ。香りがよく、八重山そばやジューシーに調味料として使われることが多い。

店内の雰囲気もいい赤瓦屋根の店

3 そば処 竹の子

集落

MAP P.77 A-3 ☎0980-85-2251

ランチタイムは名物の八重山そば800円、夜は郷土料理が味わえる居酒屋として使える店。豚骨と鶏ガラのスープでいただく八重山そばは、ピィヤーシの風味が効いた絶品。

所竹富町竹富101-1 時10：30～14：45 休不定休
交竹富港から約1.3km

竹富島

西海岸

4 絶景ナビ

カイジ浜（はま）

MAP P.77 A-2

コンドイ浜から海に沿って歩いて行ける。星のような形をした砂（星砂）があることで知られている。一帯の海は潮の流れが速く遊泳には向かないので、散策を楽しもう。
所竹富町竹富 時見学自由 交竹富港から約3km

木陰のブランコでひと休み

info 別名「星砂の浜」

カイジ浜はふつうの砂のなかに星砂が混ざっていることから、そう呼ばれている。実はこの星砂の正体は有孔虫という生物の殻なのだとか。

5 絶景ナビ

西桟橋（にしさんばし）

西海岸

MAP P.77 A-1

海に100mほど突き出した桟橋。かつて西表島と竹富島を結ぶ船の発着場所だったが、現在は使われていない。夕日の名所としても知られ、国の有形文化財に登録されている。
所竹富町竹富 時見学自由 交竹富港から約2km

6 絶景ナビ

集落

五香屋

MAP P.77 A-2 ☎0980-85-2833

集落の南端にあるやちむん（焼き物）のアトリエ兼ショップ。八重山の赤土に海碧釉と自然灰釉を用いて作る、竹富島の風景や植物を描いた素朴な作品が並ぶ。ご飯茶碗は3600円～。
所竹富町竹富1478-1 時9：30～12：00、13：30～17：00 休不定休 交竹富港から約2km

島の暮らしに触れる
至高の滞在型リゾート

赤瓦屋根の一戸建ての客室に、サンゴの砂が敷かれた小道、琉球石灰岩の石垣……。ここ、星のや竹富島は、約2万坪の広大な敷地内に古き良き時代の集落の町並みを踏襲し、竹富島の集落に暮らすように滞在することができるラグジュアリーリゾート。

木造平屋建ての客室や敷地内の小道はかつての島の景観を踏まえて忠実に造られ、ここを訪れた島民は、まだ車も通っていなかったころの昔の竹富島を見ているようだと懐かしむという。

ビーチでの朝のストレッチや古謡・三線の演奏会、民芸品の手作り体験など、竹富島の文化を体感できるプログラムも豊富なので、最低でも2泊して、ゆったりとした島時間を楽しむのがいいだろう。

朝の静かな集落を星のや専用の水牛車で巡るプログラムも(有料)

1 見晴台からは敷地内の全景を見渡せる 2 施設中央にある屋外プール 3 竹富島の素材を用いたオリジナルのアメニティ 4 開放的な入浴スペース。シャワールームも 5 竹富島の伝統建築を踏襲した木造の客室 6 客室をつなぐ小道 7 リビングルームを備えた客室

竹富島

hotel data

星のや竹富島
ほし　　　　たけ とみ じま

MAP P.77 B-2 竹富島東部

☎ **050-3134-8091**

所竹富町竹富 交竹富港から約2km
（無料送迎あり）

IN 15:00 **OUT** 12:00

● 料金／1泊1室11万2000円〜（2泊〜予約可）、ディナー1万8150円、朝食4961円

● 客室数／48室

● プール／屋外1、屋内0 ● レストラン／1

● ショップ／1 ● スパ／1

ディナーは "島テロワール"

夕食は沖縄独特の食文化をフレンチの技法で昇華したコース料理。ワインとも相性がいい

8 ミーバイのムース包み 青豆とミントの香り 9 シェーブルのクスクスサラダ仕立て パッションのソース 10 ジーマミのマルジョレーヌ。バナナアイスクリームと共に 11 ダイニングで供される
※内容は季節や仕入れ状況により変更の場合あり

西表島
（いりおもてじま）

観光案内
竹富町観光協会
☎0980-82-5445

豊かな森が島一杯に広がる

島の約90%が亜熱帯の森に覆われ、イリオモテヤマネコを代表格に希少な野生生物が生息している。島を一周できる道路はなく、島内の信号機はわずか2つ。海沿いに島を半周する約53kmが移動範囲。船でしかアクセスできない場所もある。

島のほとんどが山地でカンピレーの滝やマリユドゥの滝、ピナイサーラの滝など滝が多いのも特徴。崎山湾は自然環境保全地域に指定されている。

フェリー
西表島 ← 石垣島
40〜50分

鳩間島　小浜島
石垣島
与那国島
西表島
黒島　竹富島
波照間島

自然いっぱいのエリアだから

【上手に巡るヒント！】

2 日帰りのツアーに参加

日帰りツアーは行程が決まっているため、初めての人でも参加しやすい。

1 レンタカー移動が基本

島内の移動に車は必須。事前に予約しておけば、港に配車してくれる。

【交通案内】

レンタカー

営業所は大原港と上原港周辺にある。事前予約すればどちらかの港で借り、一方の港での返却も可能。

やまねこレンタカー 大原営業所
☎0980-85-5111

やまねこレンタカー 上原営業所
☎0980-85-6111

路線バス

1日間のフリーパス1500円がある。路線バス車内のほか、専用のスマホ乗車券アプリでも購入可能。

タクシー

普通のタクシーとは異なり、運転手がバスガイドのように西表島内の観光地を案内してくれる。

ツアーで おすすめ半日プラン

9:00	大原港に集合
9:30	仲間川マングローブクルーズ
12:00	大原港または由布島周辺でランチ
13:30	水牛車で由布島へ！
15:00	星砂の浜を散策
16:30	上原港で解散

ホテルやお店が充実している 西表島西部の玄関口

1 浦内川周辺（うちがわ）（上原港周辺）

石垣島からの船や鳩間島行きの定期船が運行する西部の玄関口。港周辺に島料理が味わえる食事処やカフェのほか、民宿など宿泊施設も充実している。

BEST 📷 絶景

マングローブクルーズの スタート地点

2 仲間川周辺（なかまがわ）（大原港周辺）

石垣島から船で約30分の西表島の玄関口。仲間川のマングローブクルーズは大原港からスタートする。竹富島や小浜島行きの船も出ている。

BEST 📷 絶景

水牛車で知られる由布島など 亜熱帯を感じられるスポットが点在

3 西表島東部（とう）

水牛車でアクセスする由布島が最大の見どころ。西表野生生物保護センターでは、イリオモテヤマネコをはじめ固有動物の生態を知ることができる。

BEST 📷 絶景

落差55mの滝は
遠くから見ても
迫力満点！

西表島の魅力が詰まった
満足度No.1のスポット

絶景
ナビ

1

上原港周辺

ピナイサーラの滝

MAP P.87 B-1

沖縄では最も落差の大きい高さ55mの滝。
名前の由来は、"ピナイ"があご髭、"サーラ"
が下がったものという意味で、遠くから見
ると白い髭が垂れ下がったように見えるこ
とから。滝上からの景色は圧巻。

1 多くの生き物が生息
2 サガリバナは梅雨明
けの一夜だけ見られる
幻の花 3 滝上はマイナ
スイオンがあふれ、神秘
的な景色が広がる

絶景
ナビ

2

上原港周辺

浦内川

MAP P.87 A-3

沖縄県内では最長の川。付近は広
大な三角江の干潟となっており、
オヒルギやメヒルギといった7種
のマングローブ林が発達している。

海に入れば
さまざまな
魚が見られる

西表島

3

絶景ナビ

上原港周辺

星砂の浜（ほしすなのはま）

MAP P.87 A-3

海底には大きな岩が多く、岩の割れ目や陰に小さな魚が生息している。波は穏やかで水深も浅いため、小さな子どもでも楽しめる。名前の由来は海岸に無数の星の形をした砂があることから。

所竹富町上原289 時見学自由 交上原港から約3km Pあり

体験 data

ピナイサーラの滝半日コース

ピナイサーラの滝を目指してカヌー&トレッキング。滝の景観はもちろん、マングローブやジャングルの動植物の観察も楽しい。

料金	7500円
所要	約4時間
予約	電話またはメール、ウェブで
時間	8:30石垣港発（要問い合わせ）

Green River（グリーンリバー）
☎0980-85-6461

川の延長は18.8km。両岸には広大なマングローブ林が広がっている

4

絶景ナビ

西表島東部

由布島（ゆぶじま）

MAP P.87 B-2 ☎0980-85-5470

西表島から水牛車に乗って約15分。周囲2km、海抜1.5mの小島は、亜熱帯植物園になっており、約30種類のハイビスカスや10数種のヤシ類など、色とりどりの植物が1年を通じて楽しめる。

所竹富町古見689 時水牛車9:15〜15:40 休無休 料水牛車・入場料2000円 交大原港から約13km

info 由布島をぐるっと一周

島には水牛が水浴びをする水牛の池をはじめ、日本最大の蝶オオゴマダラが見られる蝶々園、ブーゲンビリアを栽培している温室、レストランなどの施設が併設されている。

水牛車に揺られながらのんびりした時間を満喫

オオベニゴウカン（大紅合歓）は冬に咲く花

絶景ナビ

5 仲間川 (なかまがわ)

MAP P.87 B-3 大原港周辺

国の天然記念物にも指定されている広大なマングローブ林。日本に植生するマングローブ林の約25％が仲間川流域に生育しており、その広さは国内最大級となっている。

仲間川は日本のマングローブ林の約25％を占める

迫力満点のマングローブ林を間近で感じられるカヌーツアーも実施

仲間川
マングローブクルーズ

体験data

マングローブ林を遊覧船でさかのぼる。クルーズ中にあらゆる植物に出合えるツアー。

時間	8:30〜16:30
料金	2500円
所要	約50分〜1時間
予約	不要(出航5分前までに大原港の乗船場所に集合)

西表島交通(大原港内)
☎0980-85-5304

西表島地産地消の店で
島料理を味わう

亜熱帯ジャングルに囲まれた空間で、古代米などの地元食材を和食と洋食で味わえる。

レストラン サミン
MAP P.87 B-1 ☎0980-85-5700

所	竹富町高那243(西表島ジャングルホテルパイヌマヤ内)
時	17:30〜20:00(事前予約制)
休	無休 **交** 大原港から約19km **P** あり

西表島東部

絶景ナビ

6 イダの浜 (はま)

西表島西部

MAP P.87 A-2

船でしか行くことができない、知る人ぞ知る極上のビーチ。海の透明感と美しさは西表島でNo.1。白浜港からの定期船やショップのツアーを利用するのがおすすめ。

所	竹富町西表
料	見学自由
交	白浜港から定期船で約10分、船浮港から徒歩約10分 **P** あり

船でしか行けない秘境ビーチ

遠浅の海なので子ども連れでも安心して遊べる

Hoshino Resorts Iriomotejima Hotel

西表島

1ホテルの中央にある南国の木々に囲まれたプール **2**「ジャングルkichi」は周囲が自然に囲まれた屋外ラウンジ **3**デラックスツイン。広さ54㎡で開放感抜群 **4**ホテルからすぐの月ヶ浜で行うサンセットSUPクルージング **5**夕食はビュッフェで。カマイ（イノシシ）やガザミ（ワタリガニ）など八重山で親しまれている食材をふんだんに使用

大自然を満喫できるエコツーリズムリゾート

広大なジャングルに覆われた西表島の北側、上原港近くに位置するホテル。自然と共存することを大切にした「エコツーリズム」を提唱。ペットボトルの代わりとしてウォーターサーバーが用意されているほか、使い捨てアメニティの提供をやめるなど、環境を守る取り組みを行っている。

139の客室はすべて海に面していて、波の音や鳥のさえずりを聴き、自然を感じてゆったりと過ごせるのが魅力。また、ビーチやジャングルで楽しむアクティビティの種類も豊富。

hotel data
星野リゾート
西表島ホテル
MAP P.87 A-3 上原港周辺
☎**050-3134-8094**
（星野リゾート予約センター）

所竹富町上原2-2 交上原港から約4km Pあり
IN 15:00 **OUT** 11:00
●料金／2泊2万4000円〜（食事別）
●客室数／139室
●プール／1
●レストラン・バー／1
●ショップ／1
●スパ／1

91

小浜島
（こはまじま）

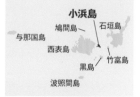

観光案内
竹富町観光協会 ☎0980-82-5445

フェリー
小浜島 ← 石垣島
25～30分

サトウキビ畑が広がる
のどかな風景が魅力

人口約600人。サトウキビ畑や牧場が広がるのどかな島。八重山諸島の中心あたりに位置し、標高99mの大岳からは八重山の8島を見渡すことができる。

島の外周は車やバイクで約1時間。半日で回れるので日帰りでも十分楽しめるが、東側には海に面したリゾートホテルがあり（→P.96）、のんびりと滞在することも可能。

港周辺でレンタル！
【交通案内】

レンタカー・バイク
小浜港の周辺にレンタルショップがある。料金の目安はバイク1時間800円～、軽自動車1時間1500円～。

定期観光バス
コハマ交通が1日4便、小浜港から主な観光スポットを巡る定期観光バスを運行。所要1時間10分、1500円。

レンタサイクル
小浜港の周辺のレンタルショップで。料金の目安は自転車1時間300円、電動自転車1時間550円。
小浜島総合案内所
☎0980-85-3571
レンタル屋さん 結
☎0980-85-3388
コハマ交通
☎0980-85-3830

のどかな小島をぐるっと
【上手に巡るヒント！】

2 半日ほどで回れ日帰りもできる

島内は車やバイクなら半日あれば回ることができる。ホテルや民宿もあるが、石垣島から日帰り旅も可能。

1 起伏があるので車かバイクが◎

港から集落までや集落から展望スポットまでなどは起伏があるので、移動はレンタカーやバイクがおすすめ。

小浜島
広域図 P.7
0 250 500m

A　B　C

アカヤ崎

西大岳 ▲
P.95 BOB's CAFE
P.94 大岳展望台　▲大岳　船崎
小浜島総合案内所 ●小浜港

石長田海岸
P.94 大盛家住宅
小浜中・小
P.95 ヤシの木
島人ぬ居酒屋あーじゅ
トゥマール浜
安栄観光 八重山観光フェリー

小浜島
竹富町

シュガーロード P.93

小浜の宿panapana
細崎
味処ふくぎ
海人公園 P.95
細崎漁港

ウータ浜

P.12,96 星野リゾート リゾナーレ小浜島

小浜島カントリークラブ

P.97 はいむるぶし

はいむるぶしビーチ P.94

東シナ海

ヒルマ崎

1 <small>絶景ナビ</small>
シュガーロード

MAP P.92 B-1

島の中心にある集落から続く、約1kmの一本道。周辺はサトウキビ畑や牧場に囲まれたのどかな雰囲気だ。小高い丘の上にある集落から東の海側にかけて坂になっているので、集落側から下るのがおすすめ。

> 道の脇には放牧中の牛やヤギも!

小浜島

1

---

info 海が見える絶景ポイントを探して!

ゆるやかな坂道が多い小浜島。坂を下っていくと海の景色が開けたり、海の向こうに石垣島や西表島を望むポイントなども。

1 特に夏は周辺の緑が映えて美しい **2** ハイビスカスなど、南国らしい草花を発見! **3** 道端にヤギがつながれていたりなど、のどかな雰囲気 **4** 徒歩やサイクリングでのんびり景色を楽しむのもおすすめ

4

2

> 小浜島では飼われているヤギを畑や道端で見かける

3

info 静かにくつろげる
リゾートビーチ

シャワーや売店などの設備やマリンアクティビティは宿泊者向けだが、一般客も入場無料で遊泳できる。小浜港から離れているのでアクセスにはバイクや車が必要。

2 絶景ナビ はいむるぶしビーチ

MAP P.92 C-1 ☎0980-85-3111

（はいむるぶし）

リゾートホテル内にある、遠浅で波穏やかなビーチ。小浜島の中心部からは少し離れた南東側にあるので、プライベートビーチのようにくつろげる。パラソルが並び、南国ムード満点。

所竹富町小浜2930（はいむるぶし内）時9：00〜18：00（3月1日〜31日、10月1日〜31日は〜17：00）、遊泳期間は3月1日〜10月31日 休無休 交小浜港から約2.5km Ｐあり ▶P.97

隠れ家のような南国ビーチに憩う

3 絶景ナビ 大岳展望台 （うふだきてんぼうだい）

MAP P.92 B-1

集落の北側にある標高99mの大岳は展望スポット。山頂の展望台からは360度のパノラマを望める。展望台までは約300段の階段を上る。

所竹富町小浜 時見学自由 交小浜港から約1.5km Ｐなし

4 絶景ナビ 大盛家住宅 （おおもりけじゅうたく）

MAP P.92 B-1

「こはぐら荘」の愛称がある、ドラマのロケ地としても使われた伝統家屋。国の登録有形文化財にも指定されており、見学は外からのみ。

所竹富町小浜 時見学自由（内部は見学不可）交小浜港から約1.7km Ｐなし

山頂の展望台。西表島や石垣島など八重山諸島を一望にできる

絶景ナビ 5 幻の島

MAP P.7 C-2

小浜島から船で行ける砂洲だけの島。潮位や海況によって形が変わるので「幻の島」と呼ばれる。シュノーケリングを楽しめる。

▶P.47

小浜島

8 絶景ナビ ヤシの木

MAP P.92 B-1 ☎0980-85-3253

集落内にあるかわいいカフェ。小浜島産の自家製黒糖シロップの黒糖サンデー600円や島バナナジュース、自家製のパッションヨーグルトアイスがおすすめ。

[所]竹富町小浜2584 [時]11：00～16：00 [休]水・木曜 [交]小浜港から約1.5km [P]なし

手作りの染め絵手ぬぐい各1380円はおみやげに

6 絶景ナビ BOB's CAFE

MAP P.92 C-1 ☎なし

小浜港すぐ近く、絶景オーシャンビューのカフェ。小浜島産の黒糖を使用した照り焼きソースの小浜バーガー900円が人気。タコライスや八重山そばもおすすめ。

[所]竹富町小浜3400-38 [時]11：15～16：00（売り切れ次第閉店） [休]不定休 [交]小浜港から徒歩約2分 [P]なし

7 絶景ナビ 海人公園

MAP P.92 A-1

島の最西端の細崎（くばざき）集落にある展望スポット。巨大なマンタのモニュメントがあり、公園の前は漁港になっている。

[所]竹富町小浜 [時]見学自由 [交]小浜港から約5km [P]あり

1 絶景海上ビアガーデン。目の前に広がる海を眺めながら、生ビールを堪能するイベント。※例年夏季限定開催 2 ビーチで豪華なピクニックが楽しめるティンガーラナイトディナー 3 BOOKS&CAFEはWi-Fiも完備 4 客室には小浜島を表現したアートウォールも

Hoshino Resorts Risonare Kohamajima

花と海に囲まれて
心ゆくまで寛ぐ

約36万坪の広大な敷地をもつリゾートホテル。宿泊者限定のビーチをはじめ、BOOKS&CAFE併設のプールや、満天の星を見晴らせるハンモックなど、リゾートステイをたっぷりと満喫できる。

広い敷地内の移動には電動キックボードを。美しい花々を眺めながら気持ちよく走るのも楽しみのひとつ。

敷地内に点在するヴィラタイプの客室はすべてスイートルーム。標準でも53㎡あり、広いベッドルームほか、浴室にはシャワーブース付きなのもうれしい。全60棟で、混み合うことなくゆっくりと滞在できる。

hotel data

星野リゾート
リゾナーレ小浜島

MAP P.92 C-1

☎ 050-3134-8093
（リゾナーレ予約センター）

所竹富町小浜2954 交小浜港から約4km Ｐあり

IN 15:00 **OUT** 11:00

● 料金／1泊朝食付き2万4000円〜
● 客室数／60室
● プール／屋外2・屋内0
● レストラン＆バー／1
● ショップ／1
● スパ／1

1 屋外プールの利用は3〜10月 **2** ブランコなど敷地内には写真映えスポットが多数 **3** 「海Café」などファシリティが充実 **4** モーニングヨガなどのヨガプログラムが多彩にそろう **5** 屋外バス付きのオーシャンビューバススイート

Haimurubushi

小浜島

心も体も
癒やされる
女性にうれしい
おこもりステイ

小浜島南東部の広大な敷地にあるのは、八重山地方の言葉で南十字星を意味するホテル「はいむるぶし」。喧騒から離れ、澄んだ星空をただ静かに眺めて過ごせるリトリートな宿だ。

取りそろえたスパ施設、発酵食メニューのコース料理など、女性にうれしいサービスやファシリティが充実している。客室は琉球赤瓦とサンゴ石を基調にしたコテージ型の建物で、最もコンパクトな部屋でも47㎡とゆったりとした広さが魅力。

多彩なヨガプログラムに沖縄ならではの癒やしのメニューを

hotel data

はいむるぶし

MAP P.92 C-1

☎0980-85-3111

所竹富町小浜2930 交小浜港から約2.5km Pあり

IN 15:00 **OUT** 11:00

● 料金／スタンダード朝食付き1万6830円〜
● 客室数／148室
● プール／屋外1（3〜10月）・屋内0
● レストラン＆バー／6
● ショップ／1
● スパ／1

波照間島
（はてるまじま）

青い海に囲まれた日本最南端の島

フェリーで石垣島または西表島からアクセスできる、有人島として日本最南端の島。昼はのどかな農道と「ハテルマブルー」と称される青い海が広がり、夜は満天の星が美しい。

島の外周は1周ドライブして20分程度。島内にスーパーやコンビニはないが、数軒の宿があり、日帰りでも泊まりでも楽しめる。

観光案内

竹富町観光協会 ☎0980-82-5445

フェリー
石垣島 ←→ 波照間島 60〜90分

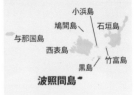

小浜島
鳩間島
与那国島
西表島
石垣島
黒島
竹富島
波照間島

のどかな小島をぐるっと

【上手に巡るヒント！】

1 港の前で乗り物をレンタル

レンタカーやレンタサイクルのショップは波照間港周辺にある。宿を予約している場合は送迎がある。

2 バイクか車が便利

日本最南端の碑の周辺は起伏のあるエリア。島は車で一周20〜30分なので、自転車より車やバイクが便利。

車かバイクが便利！

【交通案内】

レンタカー

レンタカーの料金の目安は軽自動車3時間3850円、普通自動車3時間4400円。ハイシーズンは予約を。

レンタルバイク

港近くのレンタルショップや宿で手配。料金の目安は50ccバイクで3時間2200円。

オーシャンズ
☎0980-85-8787

レンタサイクル

レンタサイクルは半日1200円、1日2200円程度。電動アシスト付きは半日2200円、1日3300円。

波照間島

広域図 ▷ P.7
0 250 500m

東シナ海

安栄観光
ブドゥマリ浜
下田原城跡
波照間漁港
波照間港
オーシャンズレンタカー
西浜荘
P.100 ニシ浜
北浜
居酒屋バンブー
コート盛 P.100
ペンション最南端
波照間郵便局〒
波照間小
波照間中
長田御嶽
ハウス美波
ホテルオーシャンズ
ぶどうまれ
浜崎
南浜
浜シタン群落 P.101
毛崎
竹富町
波照間
波照間島
波照間島灯台
波照間空港
ヌービ崎
高那崎 P.100
日本最南端の碑 P.101
ペムチ浜

波照間島

八重山諸島一の
星空観察エリアへ

1 絶景ナビ
波照間島の星空
はてるまじま ほしぞら

波照間島は八重山諸島の中でも緯度が低く、88星座のうち84の星座を見ることができる島。天気がよければ、4月下旬から6月中旬頃には珍しいとされる「南十字星」も見ることができる。

2 ニシ浜

絶景ナビ

MAP P.98 A-1

波照間港からは徒歩約10分、島の西側にある絶景ビーチ。白い砂浜が約1.5km続き、海水浴やシュノーケリングで人気。美しい海中の様子を楽しめるダイビングはツアー会社で。

所竹富町波照間 時見学自由 交波照間港から徒歩約10分 Pあり

ハテルマブルーの
南国ビーチで遊ぶ

4 高那崎

絶景ナビ

MAP P.98 C-1

島の南東側にあり、琉球石灰岩の侵食でできた断崖絶壁が約1km続く展望スポット。波がしぶきをあげて激しく打ちつける。

所竹富町波照間 時見学自由 交波照間港から約5km Pあり

3 コート盛

絶景ナビ

MAP P.98 B-1

琉球王朝時代に建てられ、海上や往来する船を監視した遠見台。高さ約4mの頂上からは波照間島を一望する。竹富町の指定文化財。

所竹富町波照間 時見学自由 交波照間港から約1km Pなし

5 絶景ナビ

ヤギの放牧

牧草地やサトウキビ畑が広がり、島の至るところにヤギが放牧されている。このヤギは食用で、波照間島ではヤギ汁が郷土料理。

1 島の案内板。波照間島の外周は約15kmで、車やバイクでのんびり巡るのがおすすめ **2** 波照間島は島の面積の約半分がサトウキビ畑だといわれる **3** 波照間島は黒糖が名産

7 絶景ナビ
日本最南端の碑
MAP P.98 C-1

波照間島の最南端にあたる高那崎にある石碑。付近には日本全国から集められた石を使って造られた「蛇の道」もある。

所 竹富町波照間 時 見学自由 交 波照間港から約5.5km P あり

6 絶景ナビ
浜シタン群落
MAP P.98 A-1

島の東側の南浜と毛崎の中ほどの海岸に群生し、隆起サンゴ礁に根を張る。樹齢数百年に及ぶ大木もあり、竹富町指定天然記念物。

所 竹富町波照間 時 見学自由 交 波照間港から約2km P あり

与那国島
（よなぐにじま）

日本最西端に位置する最果ての島

沖縄本島の那覇からは南西に509kmも離れ、西に浮かぶ台湾からは111kmの場所にある、日本最西端の島。

島には役場がある北の祖納、西の久部良、南の比川と3つの集落がある。

町中からひと度、足を延ばせば、ヨナグニウマが草をはむ放牧場、断崖絶壁が続く岬などダイナミックな景色が広がっている。

観光案内
与那国町観光協会 ☎0980-87-2402

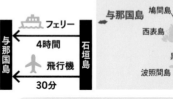

意外と広い島内だから！
【上手に巡るヒント！】

2 起点は空港と久部良港！

与那国島へは那覇空港からは1時間30分でアクセス可能。空港と港周辺にはレンタカー会社やホテルがある。

1 レンタカーかバイクで回ろう

周囲27.5kmの広い島内は、レンタカーまたはレンタルバイクが便利。集落を結ぶ路線バスもある。

レンタカーが便利！
【交通案内】

レンタカー

空港や港の周辺にレンタル会社がある。料金の目安は5時間4500円〜、1日5000円〜。事前予約がおすすめ。

与那国ホンダ
☎0980-87-2376

路線バス

与那国生活路線バスは、祖納、久部良、比川の3つの集落を結ぶ無料のバスがある。1日9便運行。

レンタルバイク

バイクの料金の目安は5時間2000円〜、1日3000円〜。近場の移動ならレンタサイクル1日2000円も。

絶景ナビ 1 東崎（あがりざき）
MAP P.102 C-1

島の東端にあり、白亜の灯台が立つ岬。海面から高さ約100mの断崖絶壁で、灯台の展望台から海を見下ろす。一帯はヨナグニウマの放牧場になっている。

所 与那国町与那国 時 見学自由 交 与那国空港から約7km P あり

info ヨナグニウマとは

日本に8種残っている在来馬の一つ。体長110〜120cmと小柄な馬で、町の天然記念物。かつては米やサトウキビを運ぶために飼われていた。

与那国島

絶景ナビ 3 西崎（いりざき）
MAP P.102 A-1

島の最西端、つまり日本の西の端に位置する岬。日本最西端の碑や灯台、展望台があり、天気がよければ台湾の島影が見えることも。

所 与那国町与那国 時 見学自由 交 与那国空港から約5.5km P あり

絶景ナビ 2 ティンダバナ
MAP P.102 B-1

標高85mの高さにある天然の展望台。伝説の女首長がこの場所の上に住んでいたといわれる。祖納集落とナンタ浜、東シナ海を一望できる。

所 与那国町与那国 時 見学自由 交 与那国空港から約2km P あり

名物名品

職人が想いを込めて製作するミンサー織製品。5つと4つの絣模様が特徴

八重山みんさー
（やえやま）

「いつの世までも末永く」の想いが込められた伝統工芸

昔から八重山では「みんさーふ」と呼ばれる藍染めの帯が織られていた。この帯は婚約の証として女性から男性に贈られ、五つと四つの模様を交互に配した柄には、「いつ（五）の世（四）までも末永く」という想いが込められている。みんさー織は、染色・整経・絣括り・製織などおよそ30もの手作業による工程を経て製品として完成する。

石垣市や竹富島で織られていたみんさー織は、「伝統的工芸品産業の振興に関する法律」で、伝統工芸品の指定を受け、1989年に「八重山ミンサー」という呼称に統一された。

工芸館1階では製作工程の一部を見学でき、ショップでは小物から服までさまざまな商品がそろう。2階は染織資料展示室で、みんさー織の歴史や石垣島出身の歌手、夏川りみさんが紅白歌合戦で着用したみんさーの衣装も展示。

体験織りコーナーでは手織りコースター、テーブルセンターやタペストリーなどが制作できる。

結ふくろ
各1925円
コロンとしたシルエットがかわいいミニ巾着

コースター
各594円
石垣島の美しい海と空を表現した鮮やかな色彩が魅力

トラベルショルダー
各1万4850円
長さ調整可能で斜め掛けもOK。両手が使えて便利

🛍 体験もできる工芸館へ！

みんさー工芸館 （こうげいかん） `石垣市街地エリア`
MAP P.30 E-2 ☎0980-82-3473
所石垣市登野城909 開9:00～18:00 休無休（工房は土・日曜休）交ユーグレナ石垣港離島ターミナルから約2km P あり

▶P.69

【工程】

製織
織機に経糸をセットし、緯糸を通して丹念に織り上げていく

仮筬通し
絣糸と地糸の割り振りをし、筬（おさ）と呼ばれる隙間に入れていく

絣括り
五つと四つの模様を作るために、手作業で行われる

AREA
GUIDE

宮古島
多良間島

周辺スポットからの
アクセス

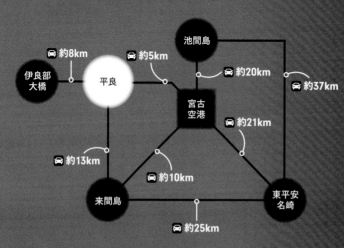

伊良部大橋 — 🚗 約8km — 平良 — 🚗 約5km — 宮古空港

池間島 🚗 約20km

🚗 約37km

宮古空港 🚗 約21km

🚗 約13km

🚗 約10km

来間島

東平安名崎

🚗 約25km

八重干瀬（やびじ） ［宮古島北部］
宮古島の北方5〜15kmほどの場所にある日本最大級のサンゴ礁「八重干瀬」で、感動のシュノーケル体験を！

▶ P.122

宮古島
みやこじま

観光案内
宮古島観光協会
☎0980-79-6611

心を奪われる宮古ブルー

宮古島を中心に大小8つの島で構成される宮古諸島。隆起したサンゴでできており、宮古島は沖縄の大きな島の中で唯一、川がない。比較的平坦で、高い山もないため、陸から海へ土砂が流れることが少なく、海の透明度が高いといわれている。ダイナミックな海中地形は独特で、世界中からダイバーが集まるマリンレジャーの聖地だ。中心街には飲食店が軒を連ね賑わうが、市街地を離れればサトウキビ畑と天然ビーチなど、離島らしい風景が待っている。

絶景地の多い島だから
【こんな楽しみ方もあります】

アクティビティを満喫 ▶P.122
平均最高気温が20℃を下回ることがなく、一年中マリンスポーツが楽しめる。シーカヤックなどは、体力に自信がない人でも充分楽しめるのでおすすめ。

リゾートホテルに贅沢ステイ ▶P.148
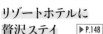
スパやレストランはもちろん、アクティビティも充実しており、豊かな自然に癒されるリゾートステイ。プライベート空間でゆったりと過ごそう。

島の伝統工芸にふれる ▶P.133
自分みやげにぴったりな伝統工芸品。制作体験のできる工房も複数あるため、自分好みのものを選択して。

車で離島ホッピング ▶P.116
離島をつなぐ3つの橋があり、伊良部島と下地島、池間島、来間島の4島を気軽にホッピングできる。絶景ドライブを楽しもう。

絶景ロードを走るなら…
【上手に巡るヒント！】

1 海沿いの道を選んで絶景ドライブを！

宮古島の内陸はひたすらサトウキビ畑が広がる、素朴な風景が続く。海岸沿いには美しいビーチや景勝地も点在しているため、できるだけ海岸沿いの道を選んで絶景ドライブを楽しもう。

2 空港から最も遠い東部沿岸部でも車で30〜40分程度

宮古島は一周約100km。3時間もあれば車でぐるりと周ることができる。宮古島空港から最も離れる島の最東端、東平安名崎でも、県道を利用して車で約30分、20km走れば到着する。

3 「宮古島まもる君」を探してドライブの楽しみUP

そのシュールな見た目から、島の名物キャラクターとなった、警察官型人形の宮古島まもる君。島内には21体のまもる君や兄妹たちが島の安全を見守っている。ドライブがてら探してみよう。

さらに 裏ワザ

☑ 空港でたいていのみやげが手に入る
定番お菓子はもちろん、宮古島限定、宮古島空港限定ものなど、ほとんどの商品は空港でそろう。

☑ 海へ行く際は干潮時間を避けて
遠浅のビーチが多く、干潮時にサンゴが干上がってしまうことも。シュノーケルは満潮時を狙おう。

車移動がベター
【交通案内】

レンタカー
路線バス・観光バスともに少ないため、レンタカーがおすすめ。オンシーズンは早めのネット予約を。

路線バス
空港ターミナル発の路線バスは1日7便のみ。中心地の平良方面へは4便しかないので事前に確認を。

レンタルバイク
レンタル原付バイクの相場は1日2000〜2500円。旅費を抑えたい場合におすすめ。

オリックスレンタカー宮古島空港カウンター
☎0980-73-5500

日産レンタカー宮古空港店
☎0980-73-7723

宮古島レンタカー
☎0980-74-7188

深夜まで賑わう中心地

2 平良
（ひらら）

飲食店やホテル、みやげ屋、レンタカー会社などが数多くある、島で一番の繁華街。ショップのほか工芸体験施設や酒蔵など、巡って楽しい観光スポットも点在する。

BEST 📷 絶景

絶景ナビ
- 肴処 志堅原 ▶P.141
- モジャのパン屋 ▶P.138
- 漲水御嶽 ▶P.131

自然の造形美を堪能

1 宮古島北部

美しい海はもちろん、豊かな自然が育んだ名スポットが点在する。大自然が創り出す造形美に圧倒されること間違いなし。海で泳ぐのが苦手な人にもうれしい。

BEST 📷 絶景

絶景ナビ
- 八重干瀬 ▶P.122
- 砂山ビーチ ▶P.120
- 島尻マングローブ林 ▶P.131

❗ ご注意を

信号が少ないので
ゆっくり運転を！

市街地の道路と農道では交通量が大きく異なる。農道の一部では交差点の見通しが悪いところや信号が少ないところも多いので注意。

アクティビティの集合
場所は事前にチェック

ツアー会社の場所と、アクティビティの集合場所が異なることも。ビーチや港集合などの場合は、ホテルからの距離を事前にチェック。

中心部では歩行者に注意！

中心地は歩いて巡る観光客が多いため車移動は要注意。特に西里大通りは居酒屋が多く歩道もないため、夜間の運転は慎重に。

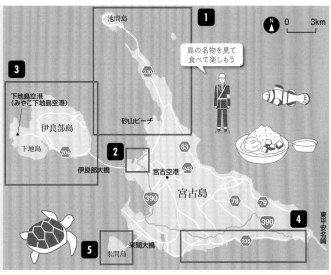

島の名物を見て食べて楽しもう

3

下地島空港（みやこ下地島空港）

伊良部島

下地島

伊良部大橋

2 宮古空港

1

N 0 3km

砂山ビーチ

宮古島

4 東平安名崎

5 来間島 来間大橋

230 83 243 390 78 79 390 235 204

島時間流れる小さな離島

5 来間島周辺
（くりまじま）

1690mの来間大橋を渡って行ける離島。ありのままの自然が残る島内には、隠れ家的な美しいビーチや南国らしい景観抜群のカフェが点在。牧歌的な島の風景が広がるなか、ゆったりと島時間に浸ろう。

BEST 📷 絶景

絶景ナビ 竜宮城展望台 ▶P.131

東洋一のビーチを望む

4 宮古島南部

ビーチと断崖絶壁の対照的な景観を楽しめるのは南部ならでは。ウミガメが生息するビーチも点在しており、シュノーケルも楽しめる。

BEST 📷 絶景

絶景ナビ
- シギラビーチ ▶P.127,132
- 与那覇前浜 ▶P.128,132
- 東平安名崎 ▶P.131
- 保良泉鍾乳洞 ▶P.127

マリンアクティビティの名所

3 伊良部島・下地島
（いらぶじま・しもじしま）

海の上を走る伊良部大橋のドライブが大人気。離島ならではの、透明度抜群の美しい海と独特の海中地形から、マリンアクティビティの名所とされている。リゾートホテルも続々登場中の注目エリア。

BEST 📷 絶景

絶景ナビ
- 伊良部大橋 ▶P.116
- 青の洞窟 ▶P.126

109

D　　　　　　　　　**E**　　　　　　　　**F**

1

大神島

2

真謝漁港
良西原

平瀬尾神崎

東
根添　　　　高野漁港

🏛熱帯植物園 P.131
　🏛宮古島市体験工芸村 P.130　　🏨ペンションとくやぁ

ックス
タカー　　　　　　　　　　　　　🏨 the rescape

西里　　　　　　🚗(83)　　　　　●比嘉ロードパーク
宮古島市　　　　　　　　　　　🏨貸別荘ゆいゆい
　　宮古島
　🍴🏛島とうふ 春おばぁ食堂 P.137　　(246)
　　　　　　　　　　　　　　城辺長間
　　🏛宮古島市伝統工芸品センター P.133　　城辺比嘉　　浦底漁港

野原岳
▲　🏛宮古島マンゴー専門工房 ティダファクトリ P.19,142,144
　●大嶽城址公園　　　　　　　　　●城辺運動公園
　　　　　　　　　　　　(78)　　　　🏛新城海岸 P.132
●バジェット
　レンタカー　　　　　　　　　(198)
302　上野野原　(201)　　　城辺下里添　　城辺福里
190　　　　上野新里　　上野砂川　(390)
上野 上野　　　　　🏛フルーツパーラー P.125　　　　　城辺新城　(83)
　(190)　　　　🏛ユートピアファーム宮古島 P.124
上野　　　　　　　　　　　　　　　　Ocean's Resort Villa Vorla🏨　　●オーシャンリンクス宮古島
　　🏨フェリスヴィラスイート宮古島・上野　　　　　　　　　　　城辺保良
う　　　🛍沖縄みやげ クロスポイントマーケット P.145　　🏨あがりの宿さんさーら
え　　　　　　　●仲princ鍾乳洞
　　　　🏨シギラベイサイドスイート アラマンダ P.148　　P.132 保良泉ビーチ🏛　　🏨波癒 namyu the place
上野宮国　　シギラベイ　　🏨プールテラス・イムギャースイート　　　　　　P.127
　　　カントリークラブ　　　　　　　　　　　🏛アイランドワークス P.127　　P.127
うえの　　　🏛シギラビーチ　🏛イムギャーマリンガーデン P.132　　🏛保良泉鍾乳洞（パンプキンホール）P.131
ツ文化村　　　🏛博愛わいわいビーチ P.132　　　　　　　　　🏛東平安名崎 P.131

D　　　　　　　　　**E**　　　　　　　　**F**

3

A **B** **C**

池間島灯台・ ・池間湿原
平良前里 平良池間 **C** P.132 フナクスビーチ
P.132 イキツービーチ 池間島 P.132 オハマビーチ P.132
池間漁港 海美来 P.137
池間大橋
世渡崎

1 東シナ海
狩俣漁港
P.131 西平安名崎 ・宮古きび茶屋
雪塩ミュージアム
・にいまそば
宮古島南国民宿ブキの家 230
平良狩俣

P.131 島尻マングローブ林

多良間海運（多良間〜平良）

P.119 フナウサギバナタ

ゲストハウスオーシャン イラブジマ P.126 青の洞窟 Sun°C MIYAKO 大浦湾
伊良部佐和田
佐和田漁港 ウォーターマークホテル＆ アガイタンディガマ
17END・ リゾーツ沖縄 宮古島 204 ゲストハウスあやぐや〜 P.120,132 砂山ビーチ
P.119,132 佐和田の浜 伊良部そば かめ 佐良浜漁港 宮古島ゲストハウスコア
伊良部長浜
P.139 BOTTA フェリスヴィラスイート伊良部島・長浜ベイ 伊良部前里添 P.139,145 福木カフェ・商店
沖縄プレミアムレンタカー下地島店
下地島コーラルホテル レーさーずRESORT RESTAURANT 平良荷川取

2 P.119,154 下地島空港 民宿キャンプ村 ヒルトン沖縄宮古島リゾート P.12,151
P.119 通り池 国仲橋 ホテルサウスアイランド 牧山 P.137 大和食堂
オーシャンハウスinさしば 居酒屋でんみ 牧山展望台 P.119 荷川取公園 83
サシバリンクス伊良部 ・いっせきにちょう
P.119,132 中ノ島ビーチ 下地島 伊良部池間添 **P.112へ**
伊良部仲地 いらぶ大橋 海の駅 バイナガマ 宮
P.119,132 渡口の浜 204 ・ビーチ 古
P.116 高
P.12,150 イラフ SUI ラグジュアリー 長山港 長山の浜 伊良部大橋 校
コレクションホテル 沖縄宮古 P.132 サンセットビーチ・ 久貝（北） カママ嶺公園
ヴィラブリゾート
ソラニワホテルアンドカフェ 平良久貝 宮古島市役所・
P.152 紺碧ザ・ヴィラオールスイート アヤンナ宮古島 P.22 P.136 古謝そば屋
久松漁港 平良下里 P.154 宮古空港
P.144 宮古空港 てぃだ待茶屋 日産レンタ
P.144 宮古空港 美ら旅 平良松原 243

西浜崎

与那覇湾 平良

3 390
上地
下地上地
235
平良与那覇
P.142 AOSORA PARLOR 与那覇前浜 P.10,128
P.131 竜宮城展望台 マイパマエスカ
P.152 宮古島来間リゾート シーウッドホテル P.128 下地公園
P.142 農家れすとらん 楽園の果実 エメラルドコースト
P.129,132 長間浜 P.139 島茶家 ヤッカヤッカ ゴルフリンクス
来間大橋 Pani Pani P.19,138
P.129,132 ムスヌン浜ビーチ 来間島 タコ公園下ビーチ P.129
下地来間
P.132 長崎浜

D

E

F

平良西仲宗根

第一ふ頭公園

平良港

船立公園
船立堂遺跡

宮古島海上保安部

P.144 モンテドール

1

仲宗根豊見親の墓

宮古横丁 P.22
ホテル アートアベニュー
宮古神社

モジャのパン屋 P.19,138

平良港

漲水御嶽 P.131

Atelier 和毛 P.145

卍 祥雲寺

平良東仲宗根

お好み焼きさりちゃん
ポーク玉子おにぎり くじら

宮古第一ホテル

北小

カフェ ウエスヤ

宮古クリスタルホテル
ホテル アイランドコーラル

肴処 志堅原 P.19,141

検察庁
裁判所

北小学校

市場通り

琉球

ホテルピースアイランド
宮古島市役所通り

2

セイルイン宮古島

78

243

北給油所

宮古島市公設市場

海風 P.141

A&W

DESIGN MATCH P.145

ホテルピースアイランド
宮古島

P.142 RICCO gelato

P.143 菊之露酒造

西里

かりゆしコンドミニアムリゾート
宮古島 ふくぎステイズ

.KINJO MIYAKO ISLAND

郷家 P.140

平良西里

カトリック
宮古島平良教会

ホテル・デ・ラクア

東里

サンエー

年金事務所

平良下里

下里(北)

仲間御嶽

アツママ公園
アツママ御嶽

3

190

78

病院

243

D

E

F

平良

広域図 P.111

N

0 50 100m

1

平良港

マティダ市民劇場●
宮古島市文化ホール

平良港マリンターミナル●

ホテルアトールエメラルド宮古島 🏨

千龍●

ホテルローカス 🏨

2

海の幸●

ポークランチョンミート●

SOUレンタカー●

パイナガマビーチ

バイナガマ海空
すこやか公園

🏨 ホテルサザンコースト宮古島

🏨 Mr.KINJO 宮古島 バイナガマリゾート

宮古島市

⊗
宮古総合実業高

3

オーシャンフロント宮古島 🏨

● おきなわ雑貨市場 わとわと

宮古牛 鉄板焼 ユキシオステーキ●

● Bocca burger

● Sunny Side レンタカー 宮古島

平良久貝

390

🏨 HOTEL COZY STAY IN トゥリバー宮古島

🏨 ホテル宮古島

🏨 パームスプリングス宮古島リゾート

シルバー人材センタ

このまま巡れる！歩ける！

超海絶景な離島ドライブ＆
平良でおしゃれなカフェも！

絶景ナビ 伊良部大橋〜平良〜砂山ビーチ

1日コース

絶景から伝統工芸におしゃれカフェまで、
宮古島の楽しみ方は多岐にわたる。
あえて一つに絞らず、わがままに楽しもう。

正面に伊良部大橋、右手に伊良部島を望むサンセットビーチ。平良に近く手軽に見られる美しいサンセットも人気。ビーチヨガなども行われる。

🚗 車で10分

12:30 愛され続ける宮古の味をトライ
古謝そば屋

1932年の創業以来、島のソウルフード「宮古そば」を作り続ける老舗。沖縄そばとは少し違った、麺のコシや風味を楽しもう。

 ▶P.136

カフェ風の内装は女性客にも気軽に訪れてほしいとの思いから

🚗 車で10分

13:30 9つの工房で文化体験を
宮古島市体験工芸村

木工芸、陶芸、貝細工、郷土料理、民具作り体験、宮古織物など、宮古島でしかできない体験が多数。自分へのみやげ用に、もの作りに挑戦するのもおすすめ。

 ▶P.130

👣 徒歩1分

START

宮古空港

🚗 車で15分

伊良部大橋

全長3540mの橋を渡り伊良部島へ。宮古島空港や平良からも気軽に向かうことができる絶景ポイント。どこまでも続く宮古ブルーの海上ドライブを満喫。

🚗 車で10分

9:30 手付かずの自然に圧倒される
伊良部島・下地島 **絶景ナビ**

数年前まで航路でしか渡れなかった島には、手付かずの自然が残る。鍾乳洞の天井部が落ちてできた「通り池」は圧巻。伊良部島・下地島を車で一周すると50分ほど。▶P.119

🚗 車で15分

option
青の洞窟 体験ダイビング

海に太陽の光が降り注ぎ、美しいブルーが出現する午前中がおすすめ。陸からアクセスできないため、現地開催のツアーに参加を。

 ▶P.126

シュノーケルとダイビングの両方が体験できる

海を渡る3つの大橋が周辺4島とつながる、ドライブに最適な宮古島。まずは島一番の絶景・伊良部大橋へ。世界屈指の透明度を誇る宮古ブルーの海を楽しもう。橋の先の伊良部島・下地島には自然のままの雄大な景色が広がる。

午後は平良に戻り、宮古そばを味わったら、島のアートに触れたい。宮古島市体験工芸村で伝統工芸を体験し、Atelier和毛と福木カフェ・商店で、島エッセンスたっぷりの雑貨を楽しんだら、サンセットタイム。砂山ビーチで幻想的な雰囲気に包まれよう。一日の締めには三線の陽気なリズムと島ごはん。唄って踊って、食べて飲んで、心に残る一夜を楽しんで。

16:30 島雑貨が並ぶカフェでほっこり
福木カフェ・商店（ふくぎ）

島野菜たっぷりのごはんと島エッセンスいっぱいの雑貨たちにほっこり。癒し空間が広がる。

▶P.139、145

トロピカルフルーツをデザインした宮古島より便せんセット550円

🚗 車で5分

17:30 心に沁みる夕日を求めて
砂山ビーチ（すなやま）

屈指の夕日スポット。夏にはアーチ状の岩のトンネルの向こうに沈みゆく夕日を見ることができる。真っ青な海が爽快な昼間とは表情を変え、幻想的な雰囲気に。

絶景ナビ

▶P.120

🚗 車で15分

19:00 三線の音色を酒の肴に♪
郷家（ごうや）

にぎやかな島唄ライブを楽しみながら、沖縄料理を堪能。旅の思い出に、みんなで店内を踊り歩く宮古伝統の「クイチャー」に参加してみよう。

▶P.140

体験工芸村は、熱帯植物園内に立地。樹木種約1600種樹木本数約4000本を生育。12万㎡の園内には、島のカラフルな花々や蝶、野鳥、植物などが生息している。

🚗 車で10分

15:00 お気に入りの一点を見つけに
Atelier 和毛（アトリエ にこげ）

作家のこだわりの詰まった作品を展示・販売するおしゃれなギャラリー＆ショップ。隣接のモジャのパン屋も人気店だ。

琉球ガラス。3半コップ1700円（左）、ペリカンピッチャー5600円（右）

▶P.145

🚗 車で5分

▶P.142

本場イタリアで修業した店主が作る本格ジェラートの店「RICCO gelato」。島の野菜やトロピカルフルーツの素材本来の美味しさを活かした、リッチな島スイーツでひと息つこう。

🚗 車で10分

宮古島［エリアコース］

サンゴ礁の海を駆ける
遥かなる絶景ドライブへ

1 絶景ナビ

伊良部大橋 [伊良部島]
（いらぶおおはし）

MAP P.111 B-2 ☎0980-72-2769
（宮古土木事務所）

無料で渡れる橋として日本最長の3540mを誇る。2015年に開通し、それまで航路のみだった伊良部島や下地島へのドライブも可能に。「いらぶ大橋 海の駅」のテラスから全景が望める。

🚗宮古空港から約8km

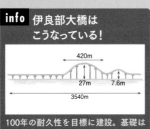

info 伊良部大橋はこうなっている！

420m
27m 7.6m
3540m

100年の耐久性を目標に建設。基礎は鋼管で、地盤に深く埋め込まれ、橋桁の中央の航路部分が鋼製となっている。最も高い場所は高さ27mも！

宮古島 [絶景名所ナビ]

■1 「船を送る岬」を意味する伊良部島の「フナウサギバナタ」からの風景　■2 海と海底で繋がる下地島の「通り池」はダイビングの名所でもある

車で気軽に絶景アイランドホッピング♪

宮古島屈指の橋を渡って
伊良部島&下地島へドライブ

美しい自然の姿に ため息の連続

宮古島の北西約5kmに位置する伊良部島に、伊良部大橋が開通したのは2015年のこと。長い間、海で隔てられてきた人口約6000人の島は、カツオ漁の県内シェア8割を誇る海人（うみんちゅ）の島だ。島には手付かずの自然が広がり、古くからの伝統祭事など独自の文化が残る。水路を挟んで隣接する下地島は、周辺の複雑な海中地形が注目され、ケーブダイビングのメッカとされる。

島の外周を車で巡ると約45分。絶景ポイントに多数出合うことができる。また、2019年3月に24年ぶりの定期便が下地島空港に就航した。リゾート開発が進み、24年3月に就航した。改めて注目を集めている。

▶ P.154

下地島空港

青い空と海を背景に、航空機が降りてくる絶景が望める。2019年3月より、24年ぶりに定期便が就航し話題に。

佐和田の浜

遠浅の海に無数の巨岩が転がる、不思議な風景の浜。昔ながらの漁法、魚垣（カツ・ナガキ）に使われた石垣が残る。

フナウサギバナタ

沖縄本島に旅立つ人や出征兵士を見送ったとされる岬。海岸線は断崖絶壁が続き、展望台からはコバルトブルーの海が一望できる。

下地島空港
17エンド

BOTTA

下地島空港

下地島

魚市場
いちわ

伊良部島

204
90
204
252

伊良部大橋

宮古島

通り池

紺碧の池が並び神秘的な風景が広がる。遊歩道が設けられ、池のすぐ近くまで歩ける。人気のダイビングポイントだ。

▶ P.132

中ノ島ビーチ

サンゴ礁と多様な熱帯魚が生息する、宮古島屈指のシュノーケリングスポット。シャワーやトイレなどはない。

▶ P.132

渡口の浜

プライベート感たっぷりの絶景ビーチ。パウダーサンドが約800m続き、透明度抜群の海が静かに広がる。

牧山展望台

伊良部島で最も高い場所にある展望台。伊良部大橋や宮古島はもちろん、晴天の日には池間島、来間島まで一望可能。

青の空と海に白い砂山…
息をのむ自然の造形美に出合う

info 宮古島屈指の夕日スポット

夏には岩穴から夕日が覗くシーンも。青と赤のグラデーションが美しい特別な風景に胸を打つこと間違いなし。

2 砂山ビーチ
（すな）（やま）

宮古島北部

MAP P.111 C-2 ☎0980-73-2690
（宮古島市観光商工課）

キメ細かい白砂が広がる遠浅のビーチ。波の浸食によってできた、アーチ状の岩が魅力的な造形美を与える。昼には青い海と白砂を、夕暮れ時には光と影のコントラストを楽しみたい。

所宮古島市平良荷川取705 時見学自由 休無休 交宮古空港から約9km P あり

> 白い砂山を登ると広がる絵画のような海

宮古島 [絶景名所ナビ]

※アーチ状の岩は落石や崩落の危険があるため、現在一部立ち入り禁止のバリケードが設置されています。

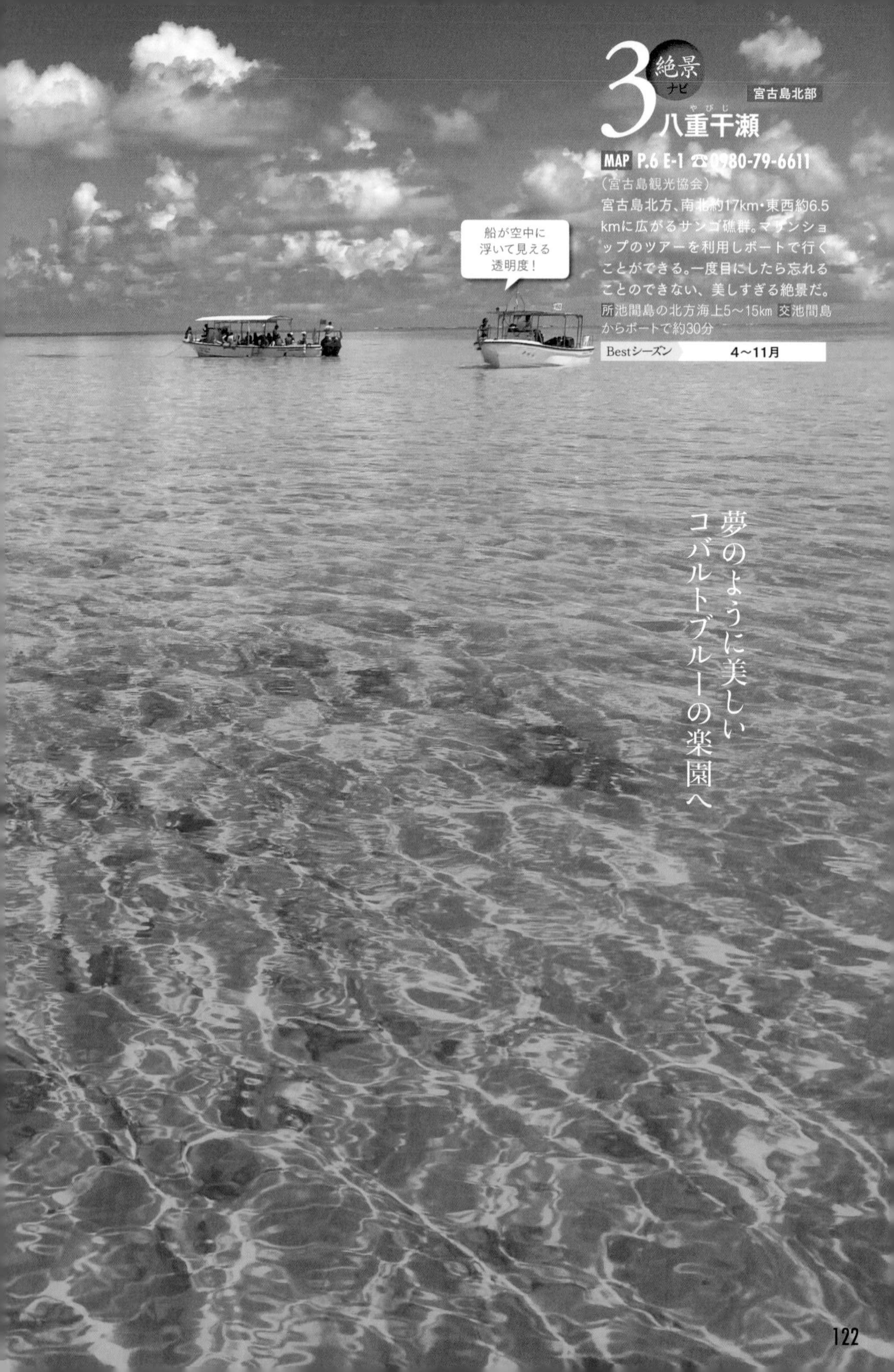

3 絶景ナビ

宮古島北部

八重干瀬（やびじ）

MAP P.6 E-1 ☎0980-79-6611（宮古島観光協会）

宮古島北方、南北約17km・東西約6.5kmに広がるサンゴ礁群。マリンショップのツアーを利用しボートで行くことができる。一度目にしたら忘れることのできない、美しすぎる絶景だ。

所 池間島の北方海上5～15km 交 池間島からボートで約30分

Bestシーズン	4～11月

船が空中に浮いて見える透明度！

夢のように美しい
コバルトブルーの楽園へ

info 八重干瀬ツアー開催は
4〜11月中旬まで

サンゴが海面に出る"幻の大陸"に
出合えるのは、春から夏にかけて
の大潮〜中潮の干潮時。年間を通
して北東の風の強い宮古島では、
冬季のツアーを開催していないショ
ップも多いので要注意。

シュノーケルで
覗ける鮮やかな
海中世界

宮古島
[絶景名所ナビ]

海の中で夢見心地に…
シュノーケルで絶景の海へ

眼前に美しい海中世界が広が
る八重干瀬。サンゴ礁を傷つ
けない「ノータッチサンゴ」で、
エコなダイブを心がけたい。

海外のダイバーも多く
訪れる人気スポット。時
を忘れて過ごしたい

ダイビングサービス碧海 (へきかい)
☎090-3940-3603
所宮古島市平良荷川取497-3 時8:00〜19:00
休不定休 料八重干瀬ダイビング体験1万5400
円 交宮古空港から約8km Pあり

一年中トロピカル！
パーラーでフルーツ園の
フルーツを満喫♡

併設のパーラーでは、農園で採れた旬の
フルーツを使用したこだわりスイーツを
提供。散策の後の甘いひと時を楽しんで。

フルーツパーラー
時10:00〜16:30 休日曜

農園の果実を贅沢に使った自家製スイーツを販売。
パーラー店内や温室内の飲食スペースで食せる。

おすすめメニュー

贅沢マンゴープリン
850円

素材の旨みがギュッと
詰まった完熟マンゴー
たっぷりの濃厚プリン

マンゴーパフェ
1980円

採れたてのマンゴーを
たっぷり使用。6〜9月
頃の限定販売

おすすめみやげ

**（左）マンゴー＆パッションフ
ルーツジャム、（右）マンゴー
ジャム各830円**

マンゴーにパッション
フルーツやジンジャー
をミックスした商品も

**マンゴージュレ、
パッションフルーツ
ジュレ各650円**

果肉入りのジュレ。ヨ
ーグルトやアイスクリー
ムにかけても◎

宮古島 [絶景名所ナビ]

雨の日でもゆったり観
賞できる温室内に咲き
乱れるブーゲンビリア

絶景ナビ
宮古島南部

4
ユートピアファーム
宮古島
MAP P.110 D-3 ☎0980-76-2949

約50品種の世界中のブーゲンビリアや、200
種類のハイビスカス、マンゴーをはじめとす
るトロピカルフルーツの農園を間近で見学で
きる。年間を通して鮮やかな風景が楽しめる。

所宮古島市上野宮国1714-2 料480円、パーラー内
は入館無料 時10:00〜16:30 休日曜 交宮古空港
から約6km Pあり

5 絶景ナビ

伊良部島

青の洞窟（あおのどうくつ）

MAP P.111 B-2 ☎0980-79-6611
（宮古島観光協会）

伊良部島沖にある、自然地形が生み出した洞窟。海中に光が差すことで、青く神秘的な輝きで満ちる。ポイントでは、シュノーケリングはじめスキンダイビングや体験ダイビングが楽しめる。

所宮古島市伊良部 **交**佐良浜港から約1km

ダイナミックな地形が造る神秘的な海中世界

体験data | **青の洞窟＆ビジャス シュノーケル＋スキンダイビングコース**

伊良部島発のボートでサンゴ礁群と洞窟を同時に堪能できる。

料金 1万4000円 **所要** 3時間 **予約** 電話またはネットで

エコガイドカフェ
☎0980-76-6660
所宮古島市下地与那覇1139-4 **時**9：00〜19：00 **休**無休 **交**宮古空港から約7km **P**なし

---

6 絶景ナビ

宮古島各地

ウミガメシュノーケル

八重干瀬や新城海岸、博愛わいわいビーチにシギラビーチがウミガメの遭遇率が高いと言われており、ウミガメとともにゆったり泳ぐことができる。ツアー利用がおすすめ。

> 遭遇率90%超え
> シュノーケル
> が人気！

体験data | **ウミガメと泳ぐ シュノーケルツアー**

子どもから楽しめる。浅瀬でのツアーを開催。初心者にもおすすめ。

料金 6930円〜 **所要** 3時間
予約 電話またはネットで
サマーリゾート宮古島 098-964-3802

126

中へ入る前に
竜宮の神へ
ご挨拶！

7 宮古島南部

保良泉鍾乳洞
（パンプキンホール）

MAP P.110 F-3 ☎0980-77-7577
（アイランドワークス）

わずか2mほどの入り口が海に面する大自然の鍾乳洞。古くから竜宮の神が宿ると伝えられ、洞窟内にユタが祈りを捧げる拝所がある。ツアーでしか訪れることのできない秘境。所宮古島市城辺保良1139-1 交宮古空港から約17km Pあり（保良泉ビーチ内）

体験data カヤックで行く!!
鍾乳洞探検隊

鍾乳洞の入り口まではカヤックを漕いで約15分。泳いで鍾乳洞内へ！

料金	8250円
所要	2時間30分
予約	電話またはネットで

海からの絶景を堪能！
カヤックで行く鍾乳洞ツアーを体験

③ 泳いで鍾乳洞内へ
狭い入り口から、潜って鍾乳洞へ。鍾乳石を登って洞窟内を探検！

② カヤックで出発
カヤックに乗り、鍾乳洞の入り口まで約15分間の海上散歩を♪

① レクチャーを受ける
パドルの動かし方など、砂浜で簡単な講習を受けたら浅瀬で練習開始

アイランドワークス
MAP P.110 E-3
☎0980-77-7577
所宮古島市城辺保良1139-1保良泉ビーチ・パーク 時9:00～17:00（夏期～18:00）休無休 交宮古空港から約17km Pあり

インパクト大なカボチャ形をした大きな鍾乳石がお出迎え

---

8 宮古島南部

シギラビーチ

MAP P.110 D-3 ☎0980-74-7206
（シギラフィールドハウス）

シギラセブンマイルズリゾート内にある白砂ビーチ。シュノーケリング体験ではカラフルな熱帯魚のほか、ウミガメに遭遇できることも。所宮古島市上野新里1405-214 時9:00～17:00（7～9月は18:00まで、遊泳期間は3月中旬～11月下旬）交宮古空港から約9km Pあり

色とりどりの
魚があちこち
泳いでいる！

info シギラビーチハウスを活用しよう

マリンアクティビティに必要なレンタル用具を用意。プライベート空間が楽しめるテント式のカバナも魅力。問い合わせは「シギラビーチハウス」（☎0980-76-3008）へ。

宮古島 ［絶景名所ナビ］

海底の砂まで見透かせる
澄み切った海に癒やされて

9 絶景ナビ

来間島周辺

与那覇前浜（よなはまえはま）

MAP P.111 C-3 ☎0980-73-2690
（宮古島市観光商工課）

全長7kmの長く白い砂浜と、水平線まで続く透明度の高い宮古ブルーの海が美しい人気スポット。日本のベストビーチランキングで度々1位となる、「東洋一」と呼び声高いビーチだ。所宮古島市下地与那覇1199 時見学自由 交宮古空港から約7km Pあり

info 絶景の中でBBQランチ

ビーチ内にあるカフェ＆レストランで、絶景を眺めながら味わえる。

マイパマエスカーサ
MAP P.111 C-3 ☎0980-76-2177
所宮古島市下地与那覇1199-1 時10:00〜22:00（夕方以降は予約のみ）休無休 料BBQ5000円〜 交宮古空港から約7km Pあり

宮古島 ［絶景名所ナビ］

プライベート感満載のビーチ！
来間大橋を渡って秘境ビーチホッピング

与那覇前浜から望める来間大橋を渡って、素朴な離島旅へ！

長間浜（ながまはま）　［来間島］
MAP P.111 C-3
☎0980-79-6611
（宮古島観光協会）
離島らしい、自然のままの美しいビーチ。シュノーケリングも楽しめる。
所宮古島市下地来間 時見学自由 交宮古空港から約12km Pあり

ムスヌン浜（はま）**ビーチ**　［来間島］
MAP P.111 C-3
☎0980-79-6611
（宮古島観光協会）
絶景を独り占めできる小さなビーチ。海流が速く海水浴には不向き。
所宮古島市下地来間 時見学自由 交宮古空港から約12km Pあり

タコ公園下（こうえんした）**ビーチ**　［来間島］
MAP P.111 C-3
☎0980-79-6611
（宮古島観光協会）
岸壁に囲まれ、「天然プール」と呼ばれるほどの透明度抜群のビーチ。
所宮古島市下地来間 時見学自由 交宮古空港から約10km Pなし

宮古上布の
工程の一つ
藍染を体験

平良

10 宮古島市体験工芸村

MAP P.110 D-2 ☎0980-73-4111

染物、宮古織物、木工芸、陶芸、貝細工、郷土料理、民具作り体験など、宮古島独自の文化を体験できる工房が集う。体験を通して宮古島の自然や文化、歴史を肌に感じよう。

所宮古島市平良東仲宗根添1166-286 時10:00〜18:00 休不定休（各工房により設定）交宮古空港から約4km Pあり

島の恵みを感じる！
宮古島の文化を体験

自分へのみやげを工房で手作りしてはいかが？貴重な体験を楽しもう。

❸ 琉装体験
華やかな琉装を着て、植物園内で写真撮影を！

❷ 茅民具づくり
チガヤを使って小物入れやストラップ、ブレスレットを作る。

❶ 宮古織物
苧麻糸（ちょまいと）のストラップ作りとマット織を体験可能。

白地の生地に輪ゴムやビー玉、糸などを使って、模様をつけたい（白くしたい）部分をしばって染めていく

旧暦8/8〜10の
豊年祭で踊る
伝統の舞

多良間島

11 多良間島の八月踊り

☎0980-79-2260
（多良間村観光振興課）

Bestシーズン　8月

▶P.147

日本で最も美しい村と言われる多良間島の祭祀。国の重要無形民俗文化財指定の「八月踊り」など朝から夜まで途切れることなく、舞踊、狂言、組踊などの演目が繰り広げられる。

所多良間村仲筋ほか 時旧暦8月8日から3日間 交宮古空港より飛行機で約20分、フェリーで約2時間 Pあり

絶景ナビ

13 東平安名崎
MAP P.110 F-3 ☎0980-79-6611
（宮古島観光協会）

宮古島の東の端に細く突き出た約2kmの岬。駐車場から先端に立つ白亜の灯台までは遊歩道を歩いて約10分。

所 宮古島市城辺保良 時 入場自由（灯台は9:30〜16:30頃）料 灯台は200円 交 宮古空港から約21km P あり

絶景ナビ

12 島尻マングローブ林
MAP P.111 C-1 ☎0980-79-6611
（宮古島観光協会）

宮古島最大のマングローブ群生地。干潮時間前後はマングローブ特有の植生や干潟の生物の観察を楽しめる。

所 宮古島市平良島尻 時 見学自由 交 宮古空港から約17km P あり

絶景ナビ

15 竜宮城展望台
MAP P.111 C-3 ☎0980-79-6611
（宮古島観光協会）

丘の上の3階建ての展望台からは、全長1690mの来間大橋や対岸の与那覇前浜、伊良部島までを一望できる。

所 宮古島市下地来間 時 見学自由 交 宮古空港から約12km P あり

絶景ナビ

14 熱帯植物園
MAP P.110 D-2 ☎0980-79-6611
（宮古島観光協会）

約1600種・約4000本の樹木が生育する県内最大の人工熱帯植物園。鮮やかな花々や蝶、野鳥も見られる。

所 宮古島市平良東仲宗根添1166-286 時 入場自由 交 宮古空港から約4km P あり

絶景ナビ

17 漲水御嶽
MAP P.112 D-1 ☎0980-79-6611
（宮古島観光協会）

琉球の建国よりも古いとされ、宮古島最高の霊場として厚く信仰されている。出入りが自由な貴重な御嶽。

所 宮古島市平良西里8 時 見学自由 交 宮古空港から約6km P なし

絶景ナビ

16 西平安名崎
MAP P.111 C-1 ☎0980-79-6611
（宮古島観光協会）

宮古島の北西端にある岬で風車が2基並ぶ美しい風景が印象的。海に架かる池間大橋と池間島を一望できる。

所 宮古島市平良狩俣 時 見学自由 交 宮古空港から約21km P あり

宮古島［絶景名所ナビ］

天然ビーチの宝庫!

宮古島 ビーチカタログ

沖縄屈指の海の透明度を誇る宮古島。ビーチのほとんどが、自然のままの姿を残す。自分好みのビーチを見つけてみよう。

🏪 売店
🚻 トイレ
🚿 シャワー
⚓ アクティビティ

伊良部島・下地島
⑪ 佐和田の浜 ▶P.119
<ruby>さわだ<rt></rt></ruby>
⑫ 長山の浜
MAP P.111 B-2 🏪入場自由
<ruby>とぐち<rt></rt></ruby>
⑬ 渡口の浜 ▶P.119
<ruby>なかのしま<rt></rt></ruby>
⑭ 中ノ島ビーチ ▶P.119

来間島
<ruby>ながさきはま<rt></rt></ruby>
⑮ 長崎浜
MAP P.111 C-3 🏪入場自由
<ruby>はま<rt></rt></ruby>
⑯ ムスヌン浜ビーチ ▶P.129
<ruby>ながままはま<rt></rt></ruby>
⑰ 長間浜 ▶P.129

宮古島
① イムギャーマリンガーデン
MAP P.110 D-3 時入場自由 🏪🚻🚿⚓
② シギラビーチ ▶P.127
③ 保良泉ビーチ
<ruby>ぼらがー<rt></rt></ruby>
MAP P.110 E-3 時入場自由 🏪🚻🚿⚓
④ 砂山ビーチ ▶P.120
<ruby>すなやま<rt></rt></ruby>
⑤ 与那覇前浜 ▶P.10,128
<ruby>よなはまえはま<rt></rt></ruby>
⑥ 新城海岸
<ruby>あらぐすくかいがん<rt></rt></ruby>
MAP P.110 E-3 時入場自由 🚻🚿
⑦ 博愛わいわいビーチ **MAP** P.110 D-3

池間島
⑧ フナクスビーチ
MAP P.111 C-1 時入場自由 🚻
⑨ オハマビーチ
MAP P.111 C-1 時入場自由 🏪🚻⚓
⑩ イキヅービーチ
MAP P.111 B-1 時入場自由 🚻🚿

新城海岸

長山の浜

イムギャーマリンガーデン

フナクスビーチ

保良泉ビーチ

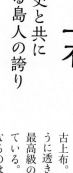

名物
名品

宮古上布
（みやこじょうふ）

島の歴史と共に紡がれ続ける島人の誇り

450年以上もの間、手作業だけで守り続けられてきた伝統工芸品の宮古上布。トンボの羽のように透きとおるその着物は、最高級の夏衣とも言われている。紡ぐ糸の原料となるのは、宮古島のアルカリ土壌を好む苧麻（ちょま）。刈り取った苧麻の茎から表皮をはぎ取り、ミミ貝と呼ばれるアワビの貝殻を使って繊維を採り出す。かつて宮古島ではどこの家にも苧麻の糸を入れる木箱があったという。島の少女たちは小学生になる頃にはお

ばあに習い、指で撚りつなぎ、糸を作った。"手績み100％の苧麻を織ること"と定められる宮古上布には、この糸がなによりも大切なのだ。糸を作るのは島のほとんどの女性の仕事だったが、今では80歳以上のおばあ達が頼りとなってしまった。

その美しさゆえに上納布とされ、島民を苦しめた時代もあった宮古上布。日々の暮らしの中で紡がれ受け継がれてきた技法は、宮古島の歴史そのものと言えるのかもしれない。

宮古上布で作られた小物雑貨も販売

🏠 工房や専門店で購入！ 　宮古島中央部

宮古島市伝統工芸品センター

MAP P.110 D-3 ☎0980-74-7480

所 宮古島市上野野原1190-188
時 9:00〜17:30 休 無休 交 宮古空港から約4km P あり

【主な工程】

3 仕上げ
煮洗いで糊や汚れを取り除き砧打ちで布目を整えて仕上げる

2 製織
織って絣を合わせある程度進んだら糊づけの工程を繰り返す

1 染色
糸を琉球藍やインド藍のほか月桃やフクギ、紅花などで染色

歴史

×物語

story & history

地域により異なる沖縄の方言

宮古と八重山、近くて遠い 言葉の距離に島の歴史を思う

地域や島が違うと通じなくなってしまうほど
多様性がある、それが沖縄の言葉の特徴だ。

遠く離れた離島の 〝島ことば〟を考える

　沖縄本島で「めんそーれ！」といえば、いらっしゃいませという意味だが、石垣島では「おーりとーり」、宮古島では「んみゃーち」と、全く異なる言葉になる。広い海域に島々が散在する沖縄では、地域ごとに方言がある。大きく分けると、本島を中心とする「沖縄方言」、宮古島を中心とする「宮古方言」、石垣島を中心とする「八重山方言」の3つに分けることができるが、島内の比較的距離の近い集落間でも違いがあるという。

　なぜなら、沖縄ではかつて労働力を確保するために、集落間の人の移動を厳しく制限していた歴史があった。そうした状況が長く続くうちに、集落ごとに異なる言葉が生み出されたという。例えば、宮古島と宮古島からたった4km離れた大神島でも、発音が異なるという。

失われた島のことばを 取り戻す

　太平洋戦争前後、沖縄県内では「標準語励行運動」が行われ、方言の使用を禁止されていた時代があった。学校では方言を口にしてしまった生徒に「方言札」という板を首にかけさせるなどの罰があったという。方言は悪いものというイメージが生まれ、沖縄の方言は衰退していった。

宮古島の方言スピーチ大会「鳴りとぅゆんみゃ〜く方言大会」

例年9月に行われる竹富島の方言大会「テードゥンムニ大会」

　沖縄が日本へ復帰した1970年代以降、沖縄ならではの文化を取り戻そうとする取り組みが行われ、竹富島では昭和52（1977）年に初めて、島の言葉を残すために「方言大会」が行われ、現在も続いている。また宮古島で毎年6〜7月に行われる「鳴りとぅゆんみゃ〜く方言大会」は、ユニークなイベントとして県外からも注目されている。

沖縄の歴史mini年表

1429年	琉球王国成立
琉球王国時代	
1609年	薩摩藩侵攻
1879年	琉球王国滅亡
1941年	太平洋戦争始まる
太平洋戦争	
1945年	アメリカ軍上陸（沖縄戦）、日本敗戦
アメリカ統治時代	
1972年	沖縄の日本復帰
1977年	竹富島の方言大会開催
2000年	沖縄サミット開催

沖縄方言

宮古方言

八重山
方言

使ってみたい島言葉

	八重山方言	宮古方言
ありがとう	みーふぁいゆー	たんでぃがーたんでぃ
いらっしゃいませ	おーりとーり	んみゃーち
おいしい	まーさん	んまむぬ
とても	でーじ	あてぃ
暑い	あっつぁん	あつかん
美しい	あっぱりしゃん	あばらぎ

GOURMET
GUIDE

宮古島で
食べる

宮古（みやこ）そば

ちぢれのない中太の平麺に、豚肉と宮古名物の平揚げかまぼこのトッピングが定番の宮古そば。具材が麺の下に埋もれているのが昔ながらのスタイル。

宮古そばといえば古謝のまっすぐ麺

創業昭和7年、宮古島の老舗製麺所の直営店。昔ながらの製法にこだわった、コシのあるツルツル麺が特徴。「女性も一人で訪れられるお店にしたい」との思いから、木のぬくもりあるカフェ風の内装で迎えてくれる。

ソーキそばセット
1100円
そばとジューシー、日替わりおかず、小鉢とドリンクのお得なセット

これも
オススメ！

なかみは豚の内臓を指す。臭みのない上品な風味のなかみそば880円

古謝そば屋（こじゃそばや）　平良
MAP P.111 C-2 ☎0980-72-8304

所宮古島市平良下里1517-1 時11：00〜16：00 休水曜 交宮古空港から約5km Pあり

136

昔ながらの宮古そばスタイル

麺の下に具材が隠れている昔ながらの宮古そばを提供する大衆食堂。先代から受け継がれた豚骨とカツオだしの優しい風味のスープが地元客に愛され続けている。沖縄ちゃんぽんなど、ご飯メニューも充実。

平良
だいわしょくどう
大和食堂
MAP P.111 C-2
☎0980-72-0718
所宮古島市平良西里819-3 時9:45〜15:30、17:15〜18:30 休火曜 交宮古空港から約4km Pあり

宮古そば（大）
650円
麺の下には豚のロース肉、宮古島名物の平揚げかまぼこが隠れている

これもオススメ！
宮古そばのだしで作られたカレーライス650円

体にしみわたるふわふわの豆腐

65年以上、「豆腐作りひと筋の春おばあから受け継いだ、ゆし豆腐入りのそばが自慢。薪釜を使い、昔ながらの製法で作られたゆし豆腐はほんのり甘く、ほろっとした口溶け。優しい味わいが心を癒やす。

宮古島中央部
しま　　　　　　　　　しょくどう
島とうふ
春おばぁ食堂
MAP P.110 D-3
☎0980-79-5829
所宮古島市平良下里3107-140 時11:30〜14:30 休不定休 交宮古空港から約3km Pあり

ゆし豆腐そば
1100円
たっぷりのふわふわゆし豆腐と肉厚の三枚肉が麺を覆うようにのる

これもオススメ！
自家製豆乳で作られた甘さ控えめプリン660円

池間大橋を一望漁師町のそば

池間島に渡り、池間大橋のたもとに店を構えるのは地元客も足を運ぶ食堂。池間島近海でとれる「サザエ」を使った売り切れ必至の「サザエそば」や、さとうきびジュースなど、島食材をたっぷり味わえる。

宮古島
[宮古そば]

池間島
かいみーる
海美来
MAP P.111 C-1
☎0980-75-2121
所宮古島市平良池間1173-7 時9:00〜17:00 休無休 交宮古空港から約20km Pあり

宮古そば
700円
カツオだしのスープに地元のハワイ製麺所のもちもち麺がよくあう

これもオススメ！
素朴な甘みが人気の紅芋もち1個200円

宮古そばとは？

▶麺
太いちぢれ麺が定番の沖縄そばと違い、中太のまっすぐな平麺でツルツルといただける

▶スープ
沖縄そばと比べてあっさりめ。豚骨＆カツオだしのブレンドスープは飲み干せる美味しさ

▶盛り付け
麺の下に具が隠れたスタイルの所以には、「麺をおまけでひと盛りした」からなど諸説ある

▶カレー粉
宮古そばの定番トッピングのカレー粉。途中でがっつり投入して味変を楽しむのが宮古流

可愛いカフェ

爽やかな海風を感じるロケーション抜群のカフェに、観光客だけでなく島民が毎日訪れる癒やしの空間など。島の魅力を肌で感じる可愛いカフェにほっこり。

ベーカリー

くるみぱん
300円
くるみが程よく練り込まれ、食べ応えもばっちり。味わい深いひと品だ

まるぱん
200円
プレーンタイプ。オーブンから随時焼き上がるので焼きたてを狙って

あんぱん
300円
パンの旨みとあんの品のよい甘さが絶妙でパクバク食べられる

かわいい外観に本格派の味わい

売り切れ必至の人気店。原料と手ごねにこだわった、もっちりのまるぱん目当てに地元客が並ぶ。"昔ながらの喫茶店のコーヒー"を意識した自家焙煎コーヒーも人気。店頭には小さなテーブルセットが一つ用意されている。

平良
モジャのパン屋
MAP P.112 E-1
☎なし
所宮古島市平良東仲宗根20 時10:00〜売り切れ次第閉店 休月・日曜
交宮古空港から約5km
Pなし

南国ムードを全身で感じる

足元にサラサラの白砂、周囲には南国の植物が生い茂るオープンカフェ。宮古島産のトロピカルフルーツを使用したスイーツや、自家製パンのサンド、ピザなどが味わえる。晴れた日に、南国の風と共に過ごしたい。

南国カフェ

Pani Pani
(パニ パニ)
来間島
MAP P.111 C-3 ☎0980-76-2165
所宮古島市下地来間105-1 時10:00〜16:00
休不定休、12〜2月は冬期休業 交宮古空港から約10km Pあり

ドラゴンバナナシェイク
750円
鮮やかな紫色が映えるドラゴンフルーツとバナナの濃厚なシェイク

ギャラリーカフェ

島の恵み感じるアートなカフェ

砂山ビーチのほど近くのギャラリーカフェ。日替わりで島野菜たっぷりのランチプレートを提供。宮古島ならではのオリジナルデザインの雑貨を展示・販売している。

宮古島北部
福木カフェ・商店（ふくぎ・しょうてん）
MAP P.111 C-2
☎080-5860-4084
所宮古島市平良荷川取646-7 時11:30〜17:00 休不定休 交宮古空港から約8km Pあり

タコライス
1000円〜
旬の島野菜がたっぷりのタコライスは目にも鮮やか

かわいらしいテラス席にはハンモックも。店内では雑貨も販売 ▶P.145

島カフェ

島時間に浸りゆったりと

海風がフーッと通るように設計された、テラス席から店内へと続くオープンな空間が素敵。心身を癒やす地元の旬の食材を活かした島ごはんやドリンクをゆったりといただこう。

来間島
島茶家 ヤッカヤッカ（しまちゃや）
MAP P.111 C-3
☎0980-74-7205
所宮古島市下地来間126-3 時11:30〜17:00（なくなり次第終了）休不定休 交宮古空港から約10km Pあり

宮古牛のコク旨カレー
1250円
じっくり煮込んで旨味たっぷり。サラダは＋200円

風が抜ける人気のテラス席にはシンボルツリーのココヤシの大木が

海カフェ

夕日も絶景な海辺のカフェ

伊良部島にあり、佐和田の浜を望む海に面したカフェ。海を眺められる店内やテラス席では、本格的な石窯で焼き上げるローマ風ピザを味わえる。ドルチェやコーヒーも充実。

伊良部島
BOTTA（ボッタ）
MAP P.111 A-2
☎0980-78-5010
所宮古島市伊良部佐和田1726-4 時11:30〜15:30 休火曜 交下地島空港から約2km Pあり

生ハムとルッコラのピザ
1900円
マスカルポーネ、生ハム、宮古島産ルッコラを使用

宮古島 ［可愛いカフェ］

島料理＆泡盛（あわもり）

名物のワケ

民謡酒場で島の音楽に触れるもよし、疲れた体にパワーの出る夕飯もよし、美味しい泡盛と肴でしっぽり過ごすもよし。好みの楽しみ方で旅の夜を彩ろう。

1 毎日19時から開催される民謡ライブは、お客みんなが参加して大盛り上がり 2 ステージ前にテーブル席、サイドに小上がりのある広い店内 3 琉球衣装を着た鮮やかなライブ

海ぶどう
660円
プチプチ食感をカツオだしの効いた自家製土佐酢につけていただく

宮古焼きヤキソバ
968円
「みゃ～く・んま麺グランプリ」No.1受賞の逸品。もっちり麺で美味

沖縄料理

夜を愉しむ食と酒と歌と

郷土料理や島素材の創作料理を味わいながら、三線ライブが楽しめる人気店。たっぷり50分のライブで、終盤にはお客からスタッフまで一緒に踊る楽しい空間に。食べて呑んで笑って、島の夜を思う存分満喫しよう。

宮古島名物を酒場で体験！

▶ **オトーリ（御通り）**
一つのグラスを使い、泡盛の水割りをみんなで回し飲む昔ながらの風習がある

▶ **宮古民謡**
宮古方言で美しく妙なる詞"を意味する「アーグ」、「アヤグ」と呼ばれる民謡

▶ **宮古牛**
自然豊かな多良間村含む宮古地域で飼育。柔らかく自然な旨みのある脂身が特徴

郷家（ごーや）

平良

MAP P.112 F-3 ☎0980-74-2358

所 宮古島市平良西里570-2 時 17:30～22:00（三線ライブは19:00～）休 不定休 交 宮古空港から約5km P あり

宮古牛 ミスジ
の焼しゃぶ
2420円
冷凍保存せず新鮮な状
態で提供。さっと炙って
おろしポン酢で

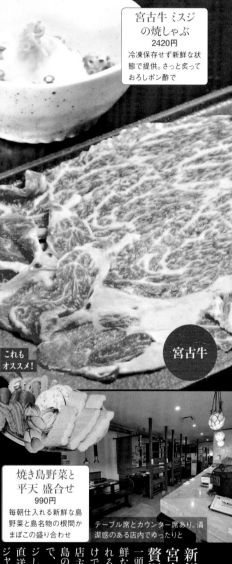

刺身5点盛り
2400円
漁港や漁師から直接仕
入れる魚は鮮度抜群。目
にも鮮やかな盛り合わせ

海鮮
居酒屋

これも
オススメ!

宮古牛

これも
オススメ!

カウンターには近海で
とれた新鮮な魚介。泡
盛の人気銘柄や古酒が

宮古島 [島料理&泡盛]

島えびの
唐揚げ
750円〜
営業後の深夜、オーナ
ー自ら漁に出て獲った
島えびはさすがの美味!

焼き島野菜と
平天 盛合せ
990円
毎朝仕入れる新鮮な島
野菜と島名物の根間か
まぼこの盛り合わせ

テーブル席とカウンター席あり。清
潔感のある店内でゆったりと

島食材を生かした職人の味

店の魅力はオーナーの
目利きによる間違いな
い食材のチョイス。そ
の鮮魚をはじめ、地元
宮古島
の鮮魚をはじめ、地元
食材を使った和洋中・
琉球料理など、幅広い
創作料理を楽しめる。

味付けにある。宮古島
な下ごしらえと繊細な
店の魅力はオーナーの
味付けにある。一品一品の丁寧

新鮮な宮古牛を贅沢に

一頭買いの宮古牛を新
鮮な状態で提供してく
れる焼肉店。宮古牛だ
けでなく旬の島野菜を
店主自ら吟味し提供。
島の恵みたっぷりの食材
で、エネルギーをチャー
ジしよう。大阪・鶴橋
直送のキムチやチャン
ジャなどもおすすめ。

肴処 志堅原 (さかなどころ しけんばる)
MAP P.112 E-2 ☎0980-79-0553
所宮古島市平良西里236 時18:00〜
22:00 休火曜 交宮古空港から約6km
平良

海風 (いんかじ)
MAP P.112 E-2 ☎0980-74-2929
所宮古島市平良西里300-6 時17:00
〜22:00 休木曜 交宮古空港から約6
平良

名物のワケ

太陽をたっぷりと浴びて育った島食材のスイーツは素材本来の旨みが凝縮されて味わいも濃厚。散策の合間に、色鮮やかなひんやりデザートで癒やされよう。

まるごとマンゴーの贅沢かき氷

口溶けなめらかな、ふわふわ雪氷の上にマンゴーがゴロゴロ！完熟マンゴーの贅沢ソースとアイスをのせた口福なひと品。人気の「宮古島のしあわせマンゴー」もおすすめ。

スノーモンスター
2000円
マンゴーを贅沢にのせた名物スイーツ。季節関係なく味わえる。イートインは2200円

宮古島中央部

宮古島マンゴー専門工房 ティダファクトリ
MAP P.110 D-3 ☎0980-76-4183
所 宮古島市上野野原1190-188 時 10:00〜16:00 休 不定休 交 宮古空港から約4km P あり
▶P.144

完熟マンゴーパフェ
2200円
マンゴーをまるごと1個使った人気No.1のスイーツ

有機栽培のフルーツを堪能

本場宮古島産黒毛和牛のステーキ丼2860円などランチメニューのほか、マンゴーやドラゴンフルーツ、パッションフルーツなどを使用した創作料理の店。評判のスイーツが評判の創作料理の店。

農家れすとらん 楽園の果実　来間島
MAP P.111 C-3 ☎0980-76-2991
所 宮古島市下地来間476-1 時 11:00〜17:30 休 不定休 交 宮古空港から約12km P あり

スムージー
660円〜
宮古島マンゴースムージー850円が人気。スーパーフード味も

色とりどりの島スムージー

人工甘味料を極力使わず、素材本来の美味しさが楽しめる。もちろん着色料も使用せずこの鮮やかさだ。常時20種類以上のスムージーがそろうため毎日通っているんな味を楽しみたい。

AOSORA PARLOR　来間島
MAP P.111 C-3 ☎0980-76-3900
所 宮古島市下地来間104-1 時 10:00〜17:00 休 不定休 交 宮古空港から約10km P あり

ダブル・コーン
(パッションヨーグルト&紫芋)
760円
宮古島「美ら恋紅」のホクホク感も味わえる紫芋味。アイスは日替わり

島食材の本格ジェラート

島の豊かな食材を活かしたジェラート専門店。ジェラートはすべて旬のものから作られ、メニューの一部は朝の仕入れで決定する。素材にこだわって店で焼き上げたワッフルコーンでぜひ。

平良

RICCO gelato
MAP P.112 E-2
☎なし
所 宮古島市平良下里550 時 11:00〜17:45 休 火・水曜 交 宮古空港から約6km P なし

142

名品 名物

泡盛

日本最古の蒸留酒として親しまれる600年の味わい

焼酎のルーツとされる国内最古の蒸留酒・泡盛。14世紀後半、タイから渡った蒸留酒「ラオロン」が起源と考えられ、冊封使をもてなす際や、中国や日本への献上酒として重要な役割を果たしてきた。

焼酎が白麹菌を用いて造られるのに対し、泡盛には黒麹菌が用いられる。黒麹菌は殺菌力の強いクエン酸を生み出すため、一年中気温の高い沖縄でも醪を腐らせる事なく泡盛を造る事ができるのだ。

人気泡盛「菊之露」は、宮古島で造られ続けて90

余年。島の水は硬水で、カルシウム・ミネラル分が豊富なため、黒麹菌が発酵しやすい。水と温暖な気候に湿度。全条件がそろい、愛され続ける美味しさにつながるのだ。

島には、酒座にいる全員が一つのグラスで均一の酒量を味わっていく「オトーリ」という習わしがある。お酒が高価な時代、全員に行き渡るよう回し飲んだことが起源だそう。ぜひ、島の風習に則り「オトーリ」を体験し、旅の夜をより色濃いものとしていただきたい。

宮古島限定 島
1654円
宮古島内限定販売の古酒。甘みと心地よい風味が爽やかで女性に人気

菊之露akari
944円
初心者でも美味しく楽しめる泡盛。フルーティーな甘みがソーダ割によく合う

🍶 購入は直営店のほか百貨店、空港などで

菊之露酒造 　平良

MAP P.112 E-2 ☎0980-72-2669

所宮古島市平良西里290 時9:00〜17:00 休土・日曜 交宮古島空港から約5km Pあり

【主な工程】

3 貯蔵
ステンレスタンクで長期熟成貯蔵して瓶詰め。樫樽貯蔵酒も

2 仕込み
水・酵母・つなぎ醪を入れ仕込む。蒸留し熟成したら割り水で調整

1 洗米
洗米・浸漬して蒸したら、麹菌を種付けして麹室で発酵させる

宮古島マンゴータルト
5個入り
756円
宮古島産のマンゴーピューレを使ったやさしい味わいのタルト。**C**

宮古フルーツの旨みをぎゅっと凝縮

バナナケーキ
740円
香料やマーガリン不使用。宮古バナナ本来の優しい甘さや香りを楽しめる。**A**

ミニバナナケーキ
6個入り
1200円
バナナケーキを食べやすいようにカット。おみやげとして配りやすい1人用サイズに。**A**

宮古島のしあわせマンゴー
各600円〜
宮古島産完熟マンゴーを使ったマンゴージュース。凍らせてシャーベットにするのもおいしい。**B**

宮古島らしさがうれしい島の味わい

宮古グルメを持ち帰る

島の恵みが詰まった宮古みやげを思い出と一緒にお持ち帰り。見ているだけで南国気分へ♪

沖縄ソウルフード

RAKUKAゼリー
3個入り
1290円
マンゴー、ドラゴンフルーツ、シークワーサーの色鮮やかな南国氷菓。**G**

宮古島ちゅら恋紅スイートポテト
5個入り
972円
ちゅら恋紅の紅芋の鮮やかさと甘みが楽しめるしっとりとしたスイーツ。**C**

おかずにもぴったりな

宮古牛と沖縄麩の黒糖煮
1080円
厳選された宮古牛を使った黒糖煮。香ばしく焼いた黒糖の風味がたまらない。**G**

癒しの一杯

島時間を思い起こす

宮古島サイダー
250円
さわやかなご当地サイダー。宮古島雪塩やマンゴーフレーバーの変わり種。**C**

宮古島の地ビール
パッションフルーツエール
790円
まろやかな味わいの地ビール「とうりば」にパッションフルーツを合わせた香り高いビール。**D**

蒼の風
1650円
肥料・農薬不使用の宮古島産サトウキビから作られた5年熟成ラム。**C**

味付けに

太陽の恵みをたっぷりと

ソース・ドレッシング各種
各800円〜
島の食材や調味料で作った旨味たっぷりドレッシング。カフェでも使用されている贅沢マンゴーソースは人気商品。**B**

D 宮古空港 美ら旅
MAP P.111 C-3
☎0980-73-1005
所宮古島市平良下里1657-12 営8:00〜19:30 休無休 交宮古空港ターミナル2階 **P**あり

平良

C 宮古空港 てぃだ待茶屋
MAP P.111 C-3
☎0980-73-1004
所宮古島市平良下里1657-12 営8:00〜19:30 休無休 交宮古空港ターミナル1階 **P**あり

平良

B 宮古島マンゴー専門工房 ティダファクトリ
MAP P.110 D-3
☎0980-76-4183
所宮古島市上野野原1190-188 営10:00〜16:00 休不定休 交宮古空港から約4km **P**あり

宮古島中央部

▶P.142

A モンテドール
MAP P.112 D-1
☎0120-564-877
所宮古島市平良西里7-2 営9:00〜20:00 休無休 交宮古空港から約6km **P**あり

平良

素敵な島デザイン

可愛い南の島のデザイン雑貨

ふと手に取るだけで元気になる
鮮やかな島の情景をイメージした
色とりどりの雑貨たち。

アイシングクッキー
972円
バーントゥや宮古島まもる君をデザイン。すぐ売り切れる人気商品。**E**

トートバッグ
1650円
島のアイドル!?「宮古島まもる君」がデザインされたユニークなバッグ。**E**

指輪
3200円
宮古島のサンゴや貝を使った、世界にひとつのハンドメイドリング。**F**

日々身につけて

島の彩りを

プリント
トートバッグS（大）
1980円
店主でアーティストのAYAさんデザインのトロピカルフルーツ柄のバッグ。**H**

日常使用の布雑貨に

島エッセンスを

ブーゲンビリアのピアス
7700円
宮古島に咲くブーゲンビリアで型取りした揺らめくピアス。**F**

手ぬぐい
各1210円
手前からルリスズメ、島とうがらし、ゴーヤ。好みのデザインを選ぼう。**E**

上質な琉球グラス

生活を格上げする

ペリカンピッチャー（小）
5600円
熟練の工人たちが生み出す、美しい曲線が印象的。**F**

3半コップ
1700円
ライトラムネカラーが宮古島の日差しにさわやかに映える奥原硝子製品。**F**

自慢したくなる

ハイセンス雑貨たち

マグカップ
2200円
宮古島のキラキラの海を連想させる、ウミガメを描いたマグカップ。**H**

ポストカード
2800円
島の植物や海の生き物などが描かれたオリジナルポストカード42枚入り。**H**

宮古島より便せんセット
550円
島フルーツが鮮やかに描かれた便せんセット。島野菜やお天気柄も。**H**

MIYAKOJIMA
JABON石鹸
各800円
泡盛の酒粕、パッションフルーツなど沖縄ならではの素材を使ったシリーズ。**G**

H 福木カフェ・商店
MAP P.111 C-2
☎080-5860-4084
所宮古島市平良荷川取646-7 時11:30〜17:00 休不定休 交宮古空港から約8km Pあり

宮古島北部
▶P.139

G 沖縄みやげ
クロスポイントマーケット
MAP P.110 D-3 ☎0980-74-7181
所宮古島市上野宮国974-2 時9:00〜22:00 休無休 交宮古空港から約9km Pあり

宮古島南部

F Atelier 和毛
MAP P.112 E-1
☎090-9787-1232
所宮古島市平良東仲宗根20 時13:00〜18:00 休水・木・日曜 交宮古空港から約5km Pなし
※イベント時変更あり要確認

平良

E DESIGN MATCH
MAP P.112 E-2
☎0980-79-0239
所宮古島市平良下里572-3 時10:00〜18:00 休不定休 交宮古空港から約6km Pなし

平良

多良間島

琉球風水集落の
"日本で最も美しい村"

美しい珊瑚礁の海に囲まれ、豊かな海の幸を育む多良間島。島の周りをフクギが囲み、サトウキビ畑が碁盤の目状に広がる独特の景観が印象的だ。

これは島を襲う台風に備え、先人が築いたものだという。

自然と共に生きる多良間の人々の間では、琉球王国時代の宮廷舞踊を今に伝える豊年祭の「八月踊り」が400年の間継承され続ける。

観光案内

多良間村ふしゃぬふ観光協会
☎0980-79-2828

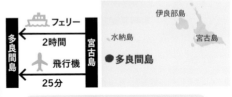

フェリー　2時間
飛行機　25分
多良間島 ⇔ 宮古島

伊良部島
水納島　宮古島
●多良間島

車や自転車でぐるり！

【交通案内】

レンタカー

島内にタクシーはなく、村営バスは特定のルートのみの運行なため、体力に自信のない人はレンタカーの利用がおすすめ。

あだんレンタカー
☎0980-79-2088
COCOハウスレンタカー
☎0980-79-2133
はまさきレンタカー
☎0980-79-2239

バス

発着時間に合わせて空港、港、集落間を村営バスが運行している。空港から約10分、前泊港から約5分で集落に到着。

レンタサイクル

島には川や山がなく平坦な道が続く。島内で最も高い場所でも海抜34m程度のためサイクリングが楽しめる。

小さな島だから

【上手に巡るヒント！】

2 散策の前にスーパーへ

島内にコンビニはないため、散策の前に集落内にあるスーパーでのまとめ買いがおすすめ。ATMは多良間郵便局にあり。

1 レンタカーは事前の予約を

島内はレンタカーや自転車での散策がおすすめ。2カ月に1度牛のセリ市が開催され、予約で埋まってしまうため要注意。

A　　　B　　　C

多良間島
広域図 ▶ P.6
0　0.5　1km

P.147 ふる里海浜公園
先島諸島火番盛(宮古遠見)
P.147 八重山遠見台
ふるさと民俗学習館
土原ウガン
205
前泊港
前泊港シードリームたらま
夢パティオたらま
多良間小 〒
多良間郵便局
多良間村役場
ビトゥマタウガン
たねび食堂
塩川御嶽とフクギ並木 P.147
多良間中
塩川
多良間村
仲筋
多良間島
三ツ瀬公園

1

多良間空港

放牧場

普天間御嶽
放牧場
普天間港
宮古市民の森
多良間空港跡
多良間海運
多良間漁港　大崎

聖なる御嶽へと導く神秘的なフクギの道

1 絶景ナビ 塩川御嶽とフクギ並木（しおかわうたき）

MAP P.146 B-1

古くから信仰の対象として島民に大切にされる塩川御嶽。集落から離れた閑静な場所にあり、手前に延びる約650mの参道には、御嶽を守るように推定樹齢200年以上のフクギが立ち並ぶ。

[住] 多良間村塩川 [交] 多良間空港から約5km

> **info** 島内には6カ所の拝所が
>
> 5つの御嶽と神社があり、祈りを捧げる拝所とされている。付近にフクギなどの巨木が佇み、壮大で神秘的な空間が広がる。

2 絶景ナビ ふる里海浜公園（さとかいひんこうえん）

MAP P.146 B-1

水納島を望む遠浅のビーチ。島を囲むように自然のままのビーチが点在する中で、唯一休憩所とシャワー・トイレが整備された海浜公園。

[住] 多良間村仲筋 [時] 見学自由 [交] 多良間空港から約4km [P] あり

多良間島

4 絶景ナビ 八重山遠見台（やえやまとおみだい）

MAP P.146 B-1

島で最も高い場所に位置し、周辺には散策道を巡らせた樹林が広がる。17世紀頃、船舶の往来や外敵を見張るために造られたとされる。

[住] 多良間村仲筋 [時] 見学自由 [交] 多良間空港から約4km

3 絶景ナビ 八月踊り（はちがつおどり）

旧暦8月8日から3日間、舞踊、狂言、組踊などの演目が繰り広げられる。400年近く継承され、国の重要無形民俗文化財にも指定。

[住] 多良間村仲筋（土原ウガン）、宮古郡多良間村塩川（ピトゥマタウガン） [時] 旧暦8月8日から3日間 [交] 土原ウガンは多良間空港から約4km、ピトゥマタウガンは多良間空港から約5km [P] あり

▶ P.130

宮古島リゾートステイ案内

海と緑に囲まれた優雅なひと時

約140万坪を誇る広大な「シギラセブンマイルズリゾート」には8つの宿泊施設が

五感で楽しむ島時間

澄んだ青に色とりどりの自然

素朴で美しい自然が広がり、彩り豊かな宮古島。中心地を離れれば、たちまち「秘境」とも呼べる美しい景色に出合うことができる。コバルトブルーの海に、真っ白の砂浜、鮮やかな花々に南国フルーツ。色とりどりの自然を全身で味わえる。目を閉じれば島風が頬をくすぐり、耳を澄ませば鳥のさえずりと心地よい波音が心を癒やす。島の恵みたっぷりのグルメや極上スパでエネルギーをチャージした

夜はライトアップされ、ムードたっぷりの空間に

148

■1 宮古島南岸の小高い丘に立つ ■2 プライベート感あふれるヴィラタイプの部屋
■3 厳選した食材とシェフのインスピレーションから生まれる創作イタリアン「グランマーレ」 ■4 ■5 生演奏とともに食べて・聴いて・踊って楽しめるライブ＆ダイニングバー「ファンキーフラミンゴ」 ■6 朝にはラグーンにいるウミガメへの餌やり体験も

ゆるやかな時が流れる 大人のための楽園

全室スイートのプレミアムなリゾート空間。プライベートプールとデイベッドが設けられた部屋で、遥か遠くまで広がる青く澄んだ海を眺めながら、時を忘れてゆったりと過ごしたい。

リゾート内には30軒以上のレストランがあるほか、ゴルフやマリンレジャーにツアーアクティビティ、プール、スパ、天然温泉などサービスも充実。プランに合わせて選択しよう。

宮古島 ［リゾートホテル］

Shigira Bayside Suite Allamanda

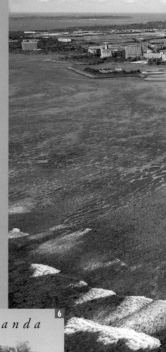

ら、日々のあれこれを手放してずっと身軽になった自分に出合えるかもしれない。

hotel data
シギラベイサイド スイート アラマンダ
MAP P.110 D-3　宮古島南部
☎0570-550-385
（宿泊予約センター）
所 宮古島市上野新里926-25 交 宮古空港から約9km P あり
IN 15:00 OUT 11:00
●料金／6万6000円〜
●客室数／174室
●プール／屋外2・屋内0
●レストラン・バー／ホテル内4、リゾート内28
●ショップ／1
●スパ／1

149

APH SUI, a Luxury Collection Hotel, Miyako Okinawa

1

2

3

5

4

伊良部の自然を五感で感じて
心と体を整える贅沢ステイ

白を基調とした客室からは蒼い海や豊かな自然を望み、広々としたプライベートバルコニーやガーデンを備えている。沖縄で採れた「クチャ（海泥）」を使ったトリートメントなどスパのメニューも充実。ゲストの体調に合わせて調合するハーブティーやアクティビティなど、体と心を整えるリラックスタイムを。

❶開放感あふれるロビーから望む伊良部ブルーの海 ❷ロビーの目の前に広がるインフィニティプール。利用は4月1日〜11月30日 ❸キングサイズのベッドでゆっくりくつろげるオーシャンビューコーナージュニアスイート ❹レストラン「TIN' IN」で島食材を使ったフランス料理を ❺美しい夕景を愛でるシャンパンタイム

hotel data

イラフ SUI ラグジュアリーコレクションホテル 沖縄宮古

伊良部島

MAP P.111 B-2

☎ 0980-74-5511

所 宮古島市伊良部字伊良部818-5
交 下地島空港から約5km P あり
IN 15:00 OUT 12:00
● 料金／朝食付き8万4755円〜
● 客室数／58室
● プール／屋外1・屋内0
● レストラン・バー／1
● ショップ／0
● スパ／1

150

宮古ブルーとサンセットを望む 新ラグジュアリーリゾート

みやこサンセットビーチ前に2023年6月グランドオープン。宮古空港から車で約15分、下地島空港から約25分とアクセス良好。全329室の客室とファミリー、キッズ、大人向けに分かれた5つの屋内外プール、スパ、キッズクラブなど様々な施設が揃う。美しいサンセットや伊良部大橋の全景とともに上質なリゾートステイが叶う。

1 ルーフトップバー「ユナイ」。サンセットとともに素敵なバータイムを **2** ビーチサップヨガなど豊富なマリンアクティビティを用意 **3** オールデイダイニング「アジュール」では国際色豊かなビュッフェが楽しめる **4** ロビーラウンジ「茶寮」 **5** 宮古ブルーの海や自然をデザインに取り入れたデラックスルーム

宮古島
[リゾートホテル]

---

hotel data

ヒルトン 沖縄宮古島リゾート
(おきなわみやこじま)

[MAP] P.111 C-2　　[平良]

☎0980-75-5500

[所] 宮古島市平良久貝550-7
[交] 宮古空港から約7km [P] あり

[IN] 15:00　[OUT] 11:00

● 料金／朝食付き5万4692円〜
● 客室数／329室
● プール／屋外3・屋内2
● レストラン・バー／4
● ショップ／1
● スパ／1

1リゾート内には5つのハウスが点在 24名まで滞在可能なエグゼクティヴプールビラハウス 3東シナ海を一望できる

リゾートタウンで心癒やされるひととき

hotel data

宮古島来間リゾート
シーウッドホテル

MAP P.111 C-3　　来間島

☎0980-74-7888

所宮古島市下地来間484-7 交宮古空港から約12km P あり

IN 15:00　OUT 11:00
- ●料金／朝食付き2万4500円～
- ●客室数／169室
- ●プール／屋外1・屋内0
- ●レストラン・バー／2
- ●ショップ／1
- ●スパ／1

宮古島から来間大橋を渡った来間島の北側、13万㎡の敷地に造られたリゾートタウン。プライベートプールやジャグジーが付いた「家（ハウス）」をモチーフにしたビラハウスと、沖縄をモチーフにしたホテルスタイルの首里ハウスの2タイプから選ぼう。

1ゲストルームは広々としたリビングルーム付き。ワインセラーや海を望むバスルームも 2海沿いに立つ 3沖縄らしい赤瓦の一棟建てヴィラ

わずか8室のみのプライベートヴィラ

hotel data

紺碧ザ・ヴィラ
オールスイート

MAP P.111 B-2　　伊良部島

☎0980-78-6000

所宮古島市伊良部池間添1195-1 交下地島空港から約8km P あり

IN 14:00　OUT 11:00
- ●料金／2万6000円～
- ●客室数／8室
- ●プール／各客室に専用プール
- ●レストラン・バー／0
- ●ショップ／0　●スパ／0

伊良部大橋を渡った絶景アイランド・伊良部島にある隠れ家的なホテル。オーシャンビューのヴィラが並び、全室にプライベート温水プールと星空を見上げるプールサイドのガゼボ（東屋）が備えられている。朝食は地元沖縄の食材を使用した、琉球朝食が楽しめる。

152

バッチリ 残念 で簡単！お得で便利に！

コレだけ
押さえれば大丈夫！

石垣・宮古 交通インフォメーション

沖縄の離島、石垣島と宮古島へのアクセス情報をチェックして、旅の準備はバッチリ！

石垣島・宮古島へのフライト

フライトをチェック

約1時間
下地島空港
約50分
宮古空港
約35分
那覇空港
新石垣空港

▶P.154

バッチリ 下地島空港の直行便が増えてもっと便利に！

2019年に下地島空港（→P.154）が新ターミナルを開業。羽田空港などからスカイマークも就航し、直行便が増便したことでより便利になった。

残念 ハイシーズンは早めの予約を！

航空券の値段はフライト直前ほど高くなる。夏休みやゴールデンウィークなどのシーズンはとにかく早めの予約を！

バッチリ 旅費を節約なら那覇経由で！

例えば東京から那覇、那覇から石垣島など、乗り継ぎ便を利用すると航空券の値段は安くなることがある。時間はかかってしまうが、コスト重視ならおすすめ。

大人旅チョイス 余裕があれば飛行機で行ける周辺の島へ！

石垣島・宮古島の周辺にはフェリーで行ける島もあるが、距離がある場合は飛行機が便利。旅程としては、日帰りよりも泊まりのほうが楽しめるだろう。

石垣島から与那国島へ ▶P.102

到着地	航空会社	所要時間	便数
与那国空港	RAC	30分	1日4便

宮古島から多良間島へ ▶P.146

到着地	航空会社	所要時間	便数
多良間空港	RAC	25分	1日2便

【主な航空会社】

全日空（ANA）　☎0570-029-222
日本航空（JAL）、
日本トランスオーシャン航空（JTA）、
琉球エアコミューター（RAC）
　☎0570-025-071
スカイマーク（SKY）　☎0570-039-283
ピーチ（APJ）　☎0570-001-292
ジェットスタージャパン（JJP）　☎0570-550-538

那覇から石垣島・宮古島 への直行便

到着地	航空会社	所要時間	便数
新石垣空港	ANA JTA RAC	1時間	1日15便
宮古空港	ANA JTA RAC	50分	1日14便

石垣島⇔宮古島 の直行便

航空会社	所要時間	便数
RAC	35分	1日3便

残念 石垣島・宮古島間は便数が少ない

石垣島と宮古島を両方訪れる場合は飛行機での移動になるが、就航会社は琉球エアコミューターのみで1日3便なので、発着時間を確認して計画を立てよう。

本州から石垣島 への直行便

出発地	航空会社	所要時間	便数
羽田空港	ANA JAL	3時間	1日4便
成田空港	APJ	3時間20分	1日2便
中部空港	ANA JTA	2時間30分	1日2便
関西空港	ANA JTA APJ	2時間40分	1日4便
福岡空港	APJ	2時間	1日1便

本州から宮古島 への直行便

出発地	航空会社	所要時間	便数
羽田空港	ANA JAL	3時間	1日3便
中部空港	ANA JTA	2時間40分	1日2便
関西空港	ANA JTA	2時間30分	1日2便

本州・那覇から下地島 への直行便

出発地	航空会社	所要時間	便数
成田空港	JJP	3時間20分	1日1便
羽田空港	SKY	3時間	1日1便
神戸空港	SKY	2時間30分	1日1便
那覇空港	SKY	50分	1日2便

　※2024年5月現在の情報です。

本州から直行便がある空港は石垣島の新石垣空港と、宮古島の宮古空港、下地島空港の3空港！

空港からのアクセス

リゾート感あふれる空港
下地島空港（しもじしまくうこう）

国内線・国際線が就航。空港内にはカフェやみやげ店、レンタカー会社などがあり施設が充実。

下地島
下地島空港
MAP P.111 A-2
☎0980-78-6365
所宮古島市伊良部佐和田1727 時9：00～19：00 休無休 Pあり

	レンタカー	
	16km／約25分	
平良	タクシー	下地島空港
	3500円～／約25分	街なかへのアクセス
	路線バス	
	600円～／約30分	

平良の中心街からすぐ
宮古空港（みやこくうこう）

市街地から近く便利。就航は国内線のみだが、みやげ物店やレストランは充実している。

平良
宮古空港
MAP P.111 C-3
☎0980-72-1212
所宮古島市平良下地1657-128 時7：00～21：00（飲食店・ショップは店舗により異なる）休無休 Pあり

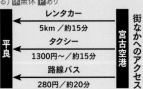

	レンタカー	
	5km／約15分	
平良	タクシー	宮古空港
	1300円～／約15分	街なかへのアクセス
	路線バス	
	280円／約20分	

石垣島の玄関口！
新石垣空港（しんいしがきくうこう）

愛称は「南ぬ島石垣空港」。国内線・国際線が発着する。市街地への交通手段も豊富。

白保
新石垣空港
MAP P.28 D-2
☎0980-87-0468
所石垣市白保1960-104-1 時6：30～22：00 休無休 Pあり

	レンタカー	
	15km／約30分	
石垣市街地	タクシー	新石垣空港
	3000円～／約30分	街なかへのアクセス
	路線バス	
	500円～／30～45分	

【主なタクシー会社】

●石垣島

八重山タクシー事業協同組合	☎0980-82-4488
石垣島交通	☎0980-88-1777

●宮古島

宮古島タクシー事業協同組合	☎0980-72-4123
協栄タクシー	☎0980-72-0799

【ツアー予約サイト】

楽天トラベル	https://travel.rakuten.co.jp/
たびらい沖縄	https://www.tabirai.net/tour/okinawa/

残念 (ヘ) **ハイシーズンは事前予約を**
空港内の案内所などで直接予約することも可能だが、ハイシーズンの場合、希望の車種などがあるなら事前の予約が安心。

バッチリ (＾) **送迎付きのレンタカーですぐ出発！**
新石垣空港・宮古空港からはシャトルバスでレンタカー会社の営業所へ直行できるので、すぐにドライブをスタートできる。

バッチリ (＾) **レンタカー付きのパッケージツアーがお得**
旅行サイトでは航空券やレンタカー、ホテルなどをパッケージで予約することができ、個別に予約するよりも料金がお得になる。

自然・体験

残念 (ヘ) 海水浴は潮の流れに注意
潮の流れが速いビーチは海水浴に向かない。監視員やクラゲネットのある管理されたビーチのほうが安心。

バッチリ (＾) 海遊び・アクティビティは日焼け対策を
沖縄の日差しは本州よりも強烈！海で遊ぶ場合は帽子やサングラス、薄手の長袖やラッシュガードを用意。

街・文化

残念 (ヘ) ガソリンスタンド、コンビニをチェック
ガソリンスタンドやコンビニがあるのは石垣島や宮古島の市街地のみ。小さな島には全くない場合も。

バッチリ (＾) 運転は慎重に！
山道や舗装されていない細い道など、普段とは違うドライブはいつもより慎重に。駐車場での事故も多い。

旅の (バッチリ ＾) ＆ (残念 ヘ) ネタ

こんなことにも注意！

バッチリ (＾) 島独特の方言を予習
沖縄本島・石垣島・宮古島など、島ごとに方言が異なる。違いを知っておくと戸惑いが少ない（↓P.134）

船の時間を調べて計画を立てる！ バッチリ😊

西表島や竹富島は一日の運航便数が多く、波照間島や与那国島は少なめ。行きと帰りの船の時間は必ずチェックしよう。

▶詳しくは付録MAP表
「離島巡りガイド」参照

天候により欠航することも 残念

台風のほか、波が高い日や強風の日は欠航することも。安栄観光や福山海運の公式サイトや電話（下記）で確認を。

▶離島巡りのヒント

1 予約なしでもOK
フェリーのチケットは予約せずターミナルのカウンターで乗る直前に購入できる。電話などで予約も可能。

2 周遊きっぷでお得に
八重山観光フェリー（☎0980-82-5010）と安栄観光（☎0980-83-0055）のカウンターで購入可能。

3 ツアー会社に参加も◎
ターミナル内には旅行会社もあり、離島巡りツアーなどを開催している。複数の島を回りたいときに便利。

3 日帰りor宿泊を検討
竹富島など船の便数が多く、島の面積が小さい島なら日帰り可能。島内に宿があるかどうかも事前に確認を。

▶チケットの買い方

出港時間を確認して直接カウンターへ
フェリー会社の時刻表で事前に確認しておき、ターミナル内のカウンターでチケットを購入。事前予約も可能。

↓

出発10分前には乗り場へ
チケットを買ったらターミナル内の食事処やショップで出発時間まで待機。時間に余裕をもって乗り場へ移動しよう。

石垣島から離島へ

付録 MAP表「離島巡りガイド」もチェック！

石垣島のフェリーターミナルから八重山諸島への定期船が運航している。日帰り旅も可能！

ユーグレナ石垣港離島ターミナル

[石垣市街地エリア]

ユーグレナ石垣港離島ターミナル
いしがきこうりとう

MAP P.31 C-3 ☎なし

📍石垣市美崎町1 🕐6：00〜21：00（店舗・会社により異なる）休無休
🚌新石垣空港から約15.5km Pあり

市街地にある便利な港。新石垣空港とを結ぶ路線バスも。竹富島・西表島・小浜島・波照間島などへ行ける。

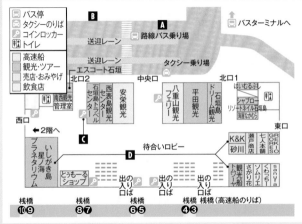

凡例
- 🚌 バス停
- 🚕 タクシーのりば
- 🔒 コインロッカー
- 🚻 トイレ
- ⬜ 高速船
- ⬜ 観光・ツアー
- ⬜ 売店・おみやげ
- ⬜ 飲食店

A バス乗り場
新石垣空港や石垣バスターミナル、島内のホテルなどを結ぶ路線バスの乗り場。

B 駐車場
有料駐車場（料金は1時間100円）。満車の場合は少し離れた第二駐車場へ。

C コインロッカー
ターミナル内には有料コインロッカーが。荷物を預けて身軽に離島旅が可能。

D 食事処＆ショップ
八重山そばなどが味わえる飲食店やおみやげを販売するショップがある。

離島巡り早見表 持っていくお金や交通事情をチェック。

	レンタカー	レンタルバイク	レンタサイクル	路線バス	タクシー	ATM	コンビニ・商店	宿	Wi-Fi
石垣島	◎	○	△	◎	◎	◎	◎	◎	◎
竹富島	×	×	◎	△	△	△	△	△	○
西表島	◎	○	○	○	△	△	△	○	△
小浜島	◎	○	○	×	×	△	△	○	△
波照間島	◎	○	○	×	×	△	△	○	△
与那国島	◎	○	○	○	△	△	△	○	△
鳩間島	×	×	×	×	×	×	×	△	△
黒島	△	○	◎	×	×	×	△	△	△
宮古島	◎	○	△	◎	◎	◎	◎	◎	○
多良間島	◎	○	○	×	△	△	△	○	△

◎おすすめ！ ○便利 △やや不便 ×なし

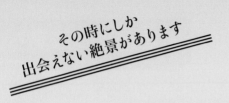

石垣・宮古歳時記

祖先を大切にする風習から、年間を通して多くの伝統行事が行われる。
常夏の島の緩やかな四季を感じ、そのときどきの旬を楽しみたい。

3月

中旬から下旬にかけて海開きのイベントが各地で行われ夏ムードに。日焼け止めが必要になりだす時期。

2月

最低気温16℃ほどと1月からの寒さは続く。中旬頃から日照時間が長くなり、桜のシーズンを迎える。

1月

沖縄には正月を全国と同じ元日のほか、旧暦の1月1日、16日の3度祝う習慣があり里帰り客も多い。

マンタダイビング（宮古島）

アーサ
の収穫は
1～3月

サトウキビ
の収穫は
2月

> 旧暦1月16日は「あの世の正月」。祖先供養のためこの頃特に多くの人が帰郷する。

八重山海びらき
石垣市・竹富町・与那国町 3月

海の安全祈願のほか、子どもたちによる初泳ぎや郷土芸能、マリン体験などを開催

竹富町やまねこマラソン
竹富町 2月

西表島の大自然を感じながら走る。コースは23km・10km・3km(中学生のみ)の3種

石垣島マラソン
石垣島 1月

日本最南端のフルマラソン大会。フル・ハーフ・10kmの3種類のコースがある

9月

旧盆の時期には、各地でさまざまなイベントが開催。普段と違った交通規制や渋滞が起こることも。

8月

伝統行事をはじめとする多くのイベントが開催され、マリンアクティビティ以外の楽しみ方も豊富。

7月

朝から夜まで30℃を超え、湿度も上昇。波が穏やかで、海も星空も全てきれいに見えるベストな時期。

> 海に入れる3～5、10月も、日によって寒いことも。6～9月が海水浴のベストタイム！

ベストシーズン

> 秋口の台風は巨大化したり、連続でくることも。「行けたはいいが帰れない！」なんてことも。

海水浴シーズン

マンゴー
の旬は
6～8月

台風シーズン

八月踊り
多良間島 旧暦8月8～10日

多良間島の豊年祭で踊られる、国指定の重要無形民俗文化財

▶P.130、147

アンガマ
石垣島・竹富島 8月(旧盆)

八重山地方に伝わる儀礼的集団芸能のひとつで、旧盆に唄いながら町を練り歩く

日本最西端与那国島
国際カジキ釣り大会
与那国島 7月

近海の大物カジキを狙う釣り人が集合。2日間、様々なイベントも開催される

※開催日時や内容が変更になる場合があります。お出かけの前にご確認ください。

▼ベストシーズンは5月中旬～9月

ハワイのホノルルと同じぐらいの緯度にある石垣島は、沖縄本島より1～2℃気温が高い。梅雨は、スコールが通り過ぎると晴れ間が出ることが多いため、5・6月の旅行は比較的混雑を避けて楽しく過ごせる。

▼冬の楽しみ方

平均気温19℃前後と、冬の石垣島・宮古島は天気によって気温が大きく変動する。泳げるような暖かな日もあれば、北風の吹く寒い日も。マリンスポーツには不向きな時期だが、マンタやイルカ、クジラと出合えるチャンスがあるのは、南国の冬ならではの楽しみだ。冬には観光客の数が落ち着くため、本来の島時間を感じることができるのも魅力。人気観光スポットをゆったりと巡り、絶景を独占しよう。

6月

マンゴーなどのトロピカルフルーツの旬もスタート。6月下旬頃に梅雨が明けたらいよいよ夏本番！

ベストシーズン

海水浴シーズン

梅雨

5月

午前中や夕方の海水浴には少し肌寒い季節。紫外線がとても強くなるので、日焼け対策を忘れずに。

本マグロの旬は4～6月

しとしと降り続く長雨でなく、午前中にサッと降り、午後は曇りや晴れということも多い。

4月

沖縄で「うりずん」と呼ばれる過ごしやすい季節。夏にできることも一通り味わえるツウ好みの時期。

パイナップルの旬は4月下旬～8月

海神祭・ハーリー　6月
石垣島・西表島・小浜島・与那国島

地元の漁業関係者が航海安全や豊漁を祈願してハーリー船で行う競漕大会

多良間島 ピンダアース大会　5月
多良間島

多良間島の方言でヤギは「ピンダ」。ヤギの熱い戦いが見られる。10月にも開催

全日本トライアスロン 宮古島大会　4月
宮古島

美しい風景を丸ごと楽しめることで大人気。全国から多くの出場者が集まる

12月

晴れの日は半袖で過ごせるが、冬に吹く北風の影響で寒く感じることも。風が強く雨の降る日も多い。

南十字星が見られるのは12月下旬～6月

11月

晴天の日が多く、秋の中で特に過ごしやすい月。マリンアクティビティはウェットスーツの着用が◎

ドラゴンフルーツの旬は7～11月

10月

台風の接近も減り、少し穏やかな夏のイメージ。日が落ちた後には薄手のカーディガンが欲しくなる。

島バナナの旬は9～10月

うえのドイツ文化村 イルミネーションフェスト　12月下旬～1月上旬
宮古島

クリスマスイルミネーションイベント。約10万球のLEDが輝き、夜を彩る

節祭（しちぃ）　旧暦10月
西表島

海の彼方より幸を迎え入れる行事。異国人風の「オホホ」と呼ばれる神が登場

島尻のパーントゥ　旧暦9月
宮古島

来訪神パーントゥが泥を塗り回し厄をはらう。ユネスコ無形文化遺産に登録

日本の美をたずねて

大人絶景旅

石垣・宮古
竹富島 西表島
'25-'26年版

おとなぜっけいたび
大人絶景旅
いしがき みやこ たけとみじま いりおもてじま
石垣・宮古 竹富島 西表島 '25-'26年版

2024年7月30日　第1刷発行

編　著　朝日新聞出版

発行者　片桐圭子

発行所　朝日新聞出版
　　　　〒104-8011　東京都中央区築地5-3-2
　　　　（お問い合わせ）infojitsuyo@asahi.com

印刷所　大日本印刷株式会社

©2024 Asahi Shimbun Publications Inc.
Published in Japan by Asahi Shimbun Publications Inc.
ISBN　978-4-02-334764-9

STAFF

編集制作　株式会社ランズ

取材・執筆　株式会社ランズ
　　　　　　石塚あみ

　　　　　　若宮早希
　　　　　　キナカナコ

撮影　　　　北原俊寛
　　　　　　大城 亘
　　　　　　根原奉也

写真協力　　北島清隆
　　　　　　伊勢佳幸
　　　　　　杉田リエ
　　　　　　星野リゾート
　　　　　　沖縄観光コンベンションビューロー
　　　　　　関係各市町村
　　　　　　関係諸施設
　　　　　　amanaimages
　　　　　　PIXTA
　　　　　　Adobe Stock

表紙デザイン　bitter design
　　　　　　　矢部あずさ

本文デザイン　bitter design
　　　　　　　岡澤輝美

地図制作　　s-map

イラスト　　岡本倫幸

組版・印刷　大日本印刷株式会社

企画・編集　朝日新聞出版
　　　　　　白方美樹